自分がきらいなあなたへ

安積遊歩

ミツイパブリッシング

ひとりぼっちで悩んでいる十代のあなたと、
心の中にひとりぼっちの十代のころのあなたを抱えている人、
みんなに、このエッセイを贈ります

はじめに

わたしは、名前を二つもっています。生まれたときに、親がつけてくれた「純子」という名前。そして、三〇代のわたしが自分につけた「遊歩」。

この本の前半は、純子と遊歩がいっしょになって、書きました。

純子の二〇代までは、とてもつらい日々でした。最初にその話がいっぱい出てきます。そして遊歩になってからは、自分のことを好きになろうと努力しました。

それが実現し、娘を産みました。娘の名前は、宇宙《うみ》と言います。

純子と遊歩と宇宙のからだには、骨形成不全症《こつけいせいふぜんしょう》という名前がありました。

病院で純子は「骨形成不全症の子」と呼ばれました。

純子は赤ちゃんのときから、その呼ばれ方がいやでした。字をよく見てみて。「不全」とあるよね。不全の反対語は完全です。つまり、わたしは生まれたときから、完全じゃない、と言われたのです。

不全ってなに？　完全な骨ってなに？　不全なからだでは生きてはいけないってこと？　生後四〇日目から病院の中でレッテルをはられて、さらに注射を打たれて。純子はずっと苦しみました。いつも、自分のからだではいけない、と言われているようでした。

でもずっと、「なにか変」と思っていました。

二〇代で、さまざまな仲間に出会って、たくさんのことに気づきました。両手両足が動かなくても、目が見えなくても、耳が聞こえなくても、どんな人も、いのちをもって生きている。それだけで、とってもすばらしいこと。「生きているって、いのちあるっていいよね」と、おたがいに言いあって、尊重しあえたら。どんなにすてきな人生になるんだろう。そう思って、遊歩は行動してきました。もう骨形成不全症という呼び名を使うのは、やめようと決めました。

「どうして、そんなに自分のことが好きになれたの？」とよく聞かれます。

その秘密は、つらい気持ち、苦しい気持ちをがまんしなくていい、とまず自分で決めること。それから、聞いてくれる友だちや、仲間をつくること。

そしてたくさん泣いて、ときには笑って。

どうかあなたが自分を好きになれますように。

もくじ

1　わたしが自分をきらいだったころのこと

自分のことが好き？

あなたは、自分のことが好きですか？　それとも、きらいですか？

これからこの本を読んでくれる方のうち、何パーセントの人が「自分を好き」と言ってくれるか、とてもドキドキしています。

わたしは、二〇歳になるころまで、自分のことがきらいできらいでたまらなかったのです。はじめに、その話をしようと思います。

わたしの名前は「ゆうほ」。車いすに乗っています。仕事はカウンセラー。つまり、いろいろな人の話に耳をかたむける仕事です。

どうして車いすに乗っているのって？

自分では外を歩けないからです。生まれたときから、からだが小さく骨が弱くてすぐに骨折してしまうのです。小さいころは骨折ばかりで、二〇回くらい折れたかな？　手術も八回以上しました。

一度でも骨が折れたことがある人なら、骨が折れるのはものすごく痛いってわかると思うけど、それを二〇回もやったのだから、とてもとてもたいへんでした。

それに、もっとたいへんなことがありました。

まわりの人たち、とくに大人たちとのつきあいです。

あなたも、こんなことってないかな？　大人から「こうしなさい」「ああしなさい」と言われて、「いやだ」と言えない。「あなたのためなんだから」と言われて納得いかないけどだまる。だまらないと「悪い子」にされてしまう……。

わたしの場合はこうでした。たくさんの手術や治療を「もうやってほしくない」と思っても、大人たちはわたしの気持ちなんて聞いてくれません。

もちろんお医者さんだって、注射を打ちつづけた看護婦さん（いまは男女関係なく「看護師」と呼ばれていますね）だって、わたしをいじめてやろうとか、実験台にしようとか、そんなつもりじゃなかったかもしれない。でも、「あなたのため」ということでやるわけですから、それを「いやだ、いやだ」と言いつづけたわたしは、「悪い子」「強情な子」ということになってしまいました。

小さかったわたしの「いやだ」という気持ちを受けとめてくれるゆとりも、わたしを自分たちと対等な人間として見る考えも、大人たちにはなかったのでしょう。

聞いてもらえないのは悲しいし、「悪い子」と言われるのはくやしいし、からだは痛いし、ギプスに胸まで入れられて寝たきりの生活がつづいたし、ほんとうにいらいらしていました。怒りっぽい子どもでした。

でもただ一つ、そのときは気づかなかったけど、いまふりかえってみてうれしいなあ、と思うことがあります。大好きな母が、わたしの「言うことを聞かない」ところも、わたしの「お願い」も、ぜんぶ受け入れてくれたこと。

だれか一人でもいい、あなたをまるごと愛してくれる人を見つけられたら、それは世界でいちばんすてきなこと！

つまり、あなたの外見が「かわいいから」でもなく、逆に「かわいくないし成績もよくなくてかわいそうだから」でもなく、とにかくあなたが好きで、あなたの言うことをじっと聞いてくれて、あなたをだいじにしたい、という人のことです。親でなくてもいいのです。

そんな人が一人いれば（その人がいることにあなたが気づくことができれば）、あなたは何があっても必ず生き抜いていけるでしょう。

でもその話はこの次にして、いまはわたしが自分をきらいだったころの話をつづけましょう。

学校は好き？

ところであなたは学校が好きですか？

わたしにとって、病院の次のハードルが学校でした。小学校五年生のとき、「ふつうの小学校」から養護学校に移ることになりました。そこでは、「障がい」をもつことは「悲しいこと」「悪いこと」「社会にとって迷惑なこと」だとされていました。だからそれを少しでも直すように、がんばりなさい、というのです。

わたしのからだは、骨が折れやすいのと、歯がすきとおっていること、体格が小さいことなどが特徴です。骨が折れると痛いですから、治ったほうがいいのはもちろんです。でも、歯がすきとおっていたり、からだが小さいのを直せというのは、「あなたのからだじゃだめなんだよ」と言われるようなものです。

あなたたちの中にも、背が低すぎるとか、鼻が大きすぎるとか、目が小さいとか、顔が大きいとか、気にしている人がいるんじゃないかな。でもそれはみんな、あなたのだいじな個性。変える必要なんてない、かけがえのないものなのです。

あなたが、髪をのばしたり切ったりするのと同じように、背の高さや体重や顔のつくりなんかを自由に変えられるとしたら、どうだろう？　すごくおもしろいかもしれないけど、あなたに会う人は、いつも安心できなくて、どうやって仲よしになろうかって迷ったり悩んだりするんじゃないかな？

自分が気に入らないからっていつも自分をつくり変えていたら、そう、たとえば鏡にうつる自分の姿がいつも違っていたら、自分でもすごく落ち着かなくなるよね。自分が何なのかわからなくなっちゃうんじゃないかな？

わたしは養護学校で「小さい子はもっと大きく」「曲がっている骨はまっすぐに」「歩けない人は歩けるように」なんてくりかえされるうちに、「ああ、わたしのからだはだめなんだ。からだがだめなんだから、きっと心もだめなんだ」と、どんどんめいっちゃったのです。

病院にいるときは注射が痛ければ「痛い、痛い」と泣いて母に訴えることができました。でも、学校では泣きわめけば怒られるし、何があっても何をされても「すみません」「ありがとう」と言わなきゃいけないのです。

治療の効果をみるためというので、パンツ一枚にさせられて、写真をパチパチとられる日というのがありました。「前を向いて」「後ろを向いて」「横を向いて」といやおうなしです。それはそれはおそろしい日でした。どんなにいやだったか、あのころのわたしと同じ年ごろのあなたなら、きっとわかってくれると思います。

それから、からだのぐあいが悪くなって寝たきりのとき、決まった時間以外におしっこをしたいとか言うと、あまりよく思われないので、すごく気をつかってしまったのでした。

すてきな友だちは何人かできたけど、大人たちとの関係では、ほんとうにたくさん傷ついてしまいました。

閉じこもる日々

わたしは、すっかり自信がなくなってしまいました。わたしがいるだけで、みんなに迷惑をかけているんだと思ってしまったのです。あなたも、そんなふうに自信をなくしたことってありませんか？

中学一年のとき、ついにわたしは「もうここにはいたくない」と言いました。自信を失いながらも、残った力をふりしぼっての抗議でした。よくやったなあと、いまでも思います。二学期になって養護学校を出ました。でも、ふつうの中学校に戻ろうとしたら、骨が弱い子は「受け入れられない」と言われました。それでもようやく通えることになって、おばが毎日、車で送ってくれました。

いやなことがあっても、ぐあいが悪くても、とにかく通いつづけました。

中学を卒業すると、今度はわたしはひとりぼっちになってしまいました。

高校は遠すぎておばにはもうたのめないし、車いすを使うなんて許されませんでした。あのころは、街中や学校で車いすを使うのは、すごく「迷惑なこと」だとされていたから。わたしは進学をあきらめなければならず、家の中に閉じこもって本を読むだけの毎日でした。

部屋でテレビをつけると、人よりきれいだったり、かっこよかったり、速く走れるのがいいことで、「みんなと違うのは変だよ」「みんなができることができないなんてだめじゃないか」と言われているみたいです。そんな番組ばかりで、ますます落ち込んでしまいました。こんなひとりぼっちのわたしが、どうして自分のことを好きになれるでしょう?

こうやってわたしは、一〇代のころ、どうしたら「この世からおさらば」できるか考えてばかりいました。あのころの苦しさを思うと、胸がしめつけられます。でもやっぱり「おさらば」しなくてよかった。

そしていま、わたしは自分のことが大好きになったのです。どうしてそうなったのか、次章でお話ししましょう。

2　わたしを受けとめてほしい

とっくみあいのけんか

あなたは、鏡を見るのが好き？

わたしはずうっと長いこと、自分の姿を鏡にうつすのがこわかった。わたしのからだが、ほかの人とは違っていたからです。骨が折れやすくて、小さなころから骨折をくりかえして、わたしのからだはとても小さいのです。

外に出るのがいやでした。だいいち、部屋の中ぐらいなら歩くことができても、一人で街中を歩きまわることはできませんでした。たまたま街で障がいをもった人に会うと、逃げ出したくなりました。自分と同じようにみっともない姿だと思ったからです。

中学を卒業してからというもの、わたしはほとんど家に閉じこもっていました。

外の世界への扉が開かれたのは、一九歳のある日。養護学校にいたときの友だちが、家を訪ねてきたのです。

その人は、とてもがんばり屋の女の子でした。

当時、障がい者運動というのがはじまっていて、彼女はわたしにいっしょうけんめいその話をしました。

障がいをもって生まれたのは、自分たちのせいじゃない。自分たちがひっそりと閉じこもらずに、堂々とみんなの中で暮らせるように、社会や街が変わるべきだ、というのです。

そういう運動をしている仲間たちが集まるから、いっしょに行ってみようよ、と彼女は言いました。

毎日部屋の中だけで暮らす生活に、わたしはうんざりしていました。

思いきって行ってみると、そこでは障がい者とボランティアの人とが、さかんに話しあっていました。「ボランティアの人」なんてだれも言いません。みんな名前で呼びあっていました。すごく対等な感じでした。それだけでもうびっくりしているわたしの前で、もっと信じられないことがおこりました。

とっくみあいがはじまったのです。重い障がいをもつ人が、ボランティアの人に向かって、「おれたちを差別するな。おれたちだって、みんなといっしょに生きたいんだ!」と食ってかかりました。そして彼よりもふたまわりもからだの大きい人を相手に、飛びかかっていったのです。障がいをもつ仲間たちが加勢しましたが、だれもかないません。ボランティアの人に次々に投げ飛ばされます。投げ飛ばしている人も「おれだって差別なんかしたくない。おまえたちがどんどん街に出てくればいいじゃないか」と、涙声になっているのです。

わたしはこわくなって足がぶるぶるふるえました。でもそのとき、わたしの心の中で何かがパチンとはじけたのです。わたしよりも障がいの重い仲間が、からだを張って「生きるぞ！」と叫んでいる。

わたしだって、自分が思っていることをどんどん言っていいんだ。すみっこでおとなしくしていなくてもいいんだ。

そう思ったとき、いままでせきとめていたいろいろな思いが、わたしの中でぐるぐるとまわりはじめました。

わたしは、障がい者運動に飛び込んでいきました。

かわいそうな恋

そして私は二二歳になり、恋をしました。

とても不安な、はじめての恋でした。年下の男の子でした。

はじめて会った日、彼は「障がいをもつ人のために、何かしてあげたい」と言いました。わたしは「してほしいなんて思っていない。どうしたらみんないっしょに生きられるか、自分の問題として考えてほしい！」とつっぱねました。彼はそのことにちゃんと向きあおうとし、わたしたちは仲よしになりました。

でも、わたしは次々に不安をもっていきました。障がいをもたない彼が、わたしのからだを受け入れてくれるのだろうか。わたしにも魅力があるのだろうか。やさしく抱きしめてもらいたい、キスしてもらいたい、「きれいだよ」と言ってほしい。そんな切迫した思いで、デートを重ねました。

そうなると、おたがいの心のきずなを育てていく余裕なんて、ありませんでした。最初のころはほんとうにいろいろなことを話しあったのに、会っていても話がとだえがちになり、彼はとうとう去っていきました。

なんてかわいそうな恋だったんでしょう。

自分のことがきらいでたまらなかったわたしは、彼を通して、「わたしはわたしのからだのままでいいんだ」ということを証明してもらおうとしていたのです。

自分を愛せないとき、ほかの人を愛することはとてもむずかしいことです。

相手のことが好きだと思っても、「好きだ」という気持ちの中には、たくさんの不安やおそれがあります。だから、不安やおそれもいっしょに相手に贈ってしまうのです。そんな愛をプレゼントされると、相手は愛されているよろこびもくつろぎも感じられずに、だんだん苦しくなってしまいます。

そのあとも、何度か恋をしました。自分を一人の女性として認めてもらいたいと、いっしょうけんめい求めました。同時に、わたしは自分を責めつづけました。

どうしてって、わたしはいつも障がいをもたない男性にばかり、心ひかれたからです。

わたしは自分でも、障がい者を差別しているのだろうか。

養護学校にいたころ、障がいの軽い人は軽い人同士で仲よくする、という雰囲気がありました。とくにわたしは、なんとかふつうの学校に行きたいと思っていたし、先生からも、なるべく障がいの重い人とは仲よくしないように、と言われていました。そんなのは間違っていると、心の中ではわかっていたけれど、ふつうの人と少しでも同じになりたかったから、自分の障がいがつらかったから、自分より障がいの重い人に冷たく接してしまったのです。

どんどん自由になって

一九歳のあの日のことを思い出します。とっくみあいがおさまったあと、まっさきに飛びかかっていった人が、私に声をかけました。

「また来てね。いっしょにやっていこう」

言語障がいのある声をしぼりだすようにして言った、やさしくて、力強い言葉でした。彼は、障がい者運動のリーダーとして活躍するようになっていました。

わたしは、その人との共同生活をはじめました。わたしよりずっと障がいが重くて、日常のことをするのもたいへんなのに、わたしの不安もおそれもまるごと受けとめてくれました。彼は、どんな人とも自然にうちとけて、まったく対等な関係をつくってしまう、ほんとうにすてきな人でした。

「ちょっとそこで友だちになったから」と言って、いろいろな人を家に連れてくるのです。おなかをすかせたおじさんを連れてきてごちそうして、すっかり意気投合していたこともありました。わたしなら用心してしまいそうな、下心のあるやさしさを示されても、ためらいなくそれを受けとるのです。

そんな彼のおおらかさの中で、人の心と心がしっかりつながる心地よい気持ちを味わいながら、わたしはどんどん自由になっていきました。

わたしは、世界にたった一人のわたしなのです。そう思って、はだかのまま鏡に向かってポーズをとると、なんだか楽しい気分になってきます。

わたしのからだのどこもかしこも、わたしのだいじな個性なのです。

そしてわたしは、大勢の仲間たちと出歩くのが大好きになりました。

そうやって、ほんとうにたくさんの出会いがありました。出会いと背中あわせに、たくさんの別れがありました。事故や病気で亡くなった人もいるし、遠くへ行ってしまった人もいます。でも、人と出会っては別れていく中で、わたしは少しずつほんとうのわたしになっていったのです。

みんな、ありがとう。

つらい別れもあったけれど、それだってわたしに大切なことをおしえてくれたのです。

一生つづいていくのだと信じていた共同生活も、六年間で終わることになりました。

わたしが二八歳のとき、アメリカ行きの話がふってわいたのです。障がい者運動のリーダーとして、六カ月間研修できるというチャンスでした。わたしは新しい出会いの予感に、こおどりしました。

英語の面接と試験を受けなければなりません。英語にはぜんぜん自信がなかったけれど、だめでもともとです。面接で話したいことを英語に訳して、ともかく丸暗記しました。聞かれる前にこちらが話しつづければ、なんとかなるかもしれないと思って。

英語ができないことは、すぐに見抜かれてしまいました。それでも丸暗記して必死でしゃべりつづけた積極性が買われたのか、アメリカでの研修が現実のものとなったのです。

両親も仲間たちも、とてもよろこんでくれました。彼は、わたしがいなくなればたちまち日常生活にも困るのに、「行くな」とは一度も言いませんでした。

みんなに見送られて、わたしは飛行機に乗りました。

そして、アメリカでの体験は、わたしをさらに大きく変えたのです。

3 あなたは、自由になっていい

障がい者が堂々と生きる街

二八歳のとき、わたしはアメリカに行くことになりました。障がい者運動のリーダーとして、六カ月間の研修を受けるのです。行き先は自分で選びました。いつか本で読んだ、バークレーという街です。

そこには障がい者のための「自立生活センター」があって、障がいをもつ人たちが社会の中で堂々と、自信をもって生きていくために、さまざまな援助をしているのです。わたしはバークレーのアパートに介助者といっしょに住んで、センターの仕事に参加することになりました。もともと英語には自信がなくて、やる気だけで試験にパスしたようなものですから、向こうではあわてて英語の先生をつけてくれました。

やる気さえあれば、あとはなんとかなるというのはほんとうです！

さて、この街には、障がいをもつ人々がほんとうにたくさん住んでいました。わたしのように車いすを使っている人はもちろん、目の見えない人、精神障がいと言われる人、耳の聞こえない人、それから香水のにおいをかぐと、ぐあいが悪くなる、という人もいました（いまでは日本でも知られてきていますね）。そんな人も自分のことを「障がいをもっている」と言うので、街の住民の半分は障がい者ですよ、と話す人がいるくらいでした。

肌の色もさまざまです。白人、黒人、黄色人種。言葉も英語だけでなく、いろんな国の言葉が街中を飛びかっています。その中に放り出されてみると、「わたしって、いったいだれなんだろう」とつくづく考えてしまいました。

日本にいるときは、わたしは「からだの不自由な障がい者」でした。車いすで街をゆけば、じろじろと見られたり、見て見ぬふりをされたり。小さい子どもたちの、不思議そうな顔や好奇心いっぱいのまなざしには、ちっとも傷つきません。「どうして車いすを使っているの?」「どこから来たの?」と聞かれると、自分のことを話すのがとっても楽しいのです。でも「こんなところに車いすで来るなんて迷惑だ」「やっかいな人が来た」「かわいそうに」「こわい」なんていう、まわりの人たちの目に、どれだけつらい思いをしたかわかりません。

ところがアメリカのこの街では、だれもわたしをそんなふうに見ようとしません。みんなが「障がい者がいる」とふりかえるのになれていたわたしは、道ゆく人がちっともわたしの車いすに注目しないので、がっかりしてしまうぐらいでした。

車いすでもふつうの人

ここではわたしはふつうの人。だれもわたしのことを特別だとは思わないのです。あこがれていた「自由の国」アメリカで、自由ってこういうことなのか、とはじめて思いました。

街を歩いていたら、道をたずねられたことがありました。車いすの人に道を聞く人がいるなんて、いままで想像したこともありませんでした。おどろきと感激で、胸がドキドキしました。「わからなくて、ごめんなさい」と言いながら、顔じゅうでにこにこ笑っていました。

わたしにお金をねだる人まであらわれました。これにはもうびっくり。ちょっぴりこわかったけど、とてもうれしくて、さいふの中からあわてて五〇セントをつかんで、あげちゃいました。

何もかもはじめての体験ばかり。車いすでバスに乗れるのも感激でした。

そのころの日本では、介助者がいなければバスは乗せてくれません。車いすで一人バス停で待っていても、バスは停まってくれないのです。どうしてかというと、バスの運転手さんが車いすの人を手伝ってバスに乗せるのは、禁止されているのです。あぶないからでしょうって？

だけど、バス停に並んでいる人を見るたびに、どうしてわたしは乗れないの？　と腹が立ちました。疲れているのにバスにも乗せてくれない社会のしくみを、くやしく思いました。

バークレーの街を走る公共バスは、六、七割が車いす用のリフト付きでした。わたしだって、一人で自由にどこにでも行けるのです。こんなすばらしいことがあるでしょうか？

障がいをもった人たちが、生き生きと働いている姿にもおどろきました。自立生活センターには一一部門があって、障がい者が住みやすいところを紹介したり、仕事を紹介したり、介助者を派遣したり、障がい者の権利を守ったり、悩みを聞いていっしょに考えたりしています。どの部門でも、障がいをもった人がたくさん働いていました。学校へ出かけていって、障がいをもつ人がどんな暮らしをしているのか、子どもたちにおしえるのを仕事にしている人もいました。

日本だったら、家族の世話になって一生暮らすか、ずっと施設にいるしかないような「重度障がい者」と言われる人たちも、ここでは自分の仕事をもち、その仕事を誇りにしながら、気のあった友だち同士で暮らしたり、パートナーと住んだりしているのです。

自分たちが自由に生活するために必要なものを、自分たちで見つけ、つくりだす。それを自分たちの仕事にする。そんなすてきな生き方があったのです。わたしの心は感動でふるえました。

障がいがあるために、いままでどれだけのことをがまんしたり、あきらめたりしてきたことでしょう。「車いすだからできない」「障がい者だからそんなことは願ってもむり」と。それは消しても消してもこびりついてはなれなかった、悲しい思いでした。

同性愛の友だちがおしえてくれたこと

あなたも、何かしたいことがあるのに、「女の子だからできない」とか、「家族が許してくれないからむり」なんて思ったことはありませんか?

でも、わたしたちはだれだって、ほんとうは自由なのです。

やりたいことができないとしたら、それはあなたのせいじゃありません。この社会やまわりの人たちが「〇〇だからできない」と決めつけているせいなのです。でも、車いすではバスにも乗れなかった社会も、少しずつ変えることができます。そして社会を変えることで、わたしたちはみんな自由になれるのです。

自由というのは、たいへんなことでもあります。いつも自分で考えて、どうするのか自分で決めるのは、だまって人の言うことを聞いているよりも、勇気がいります。

それをおしえてくれたのは同性愛の友人たちでした。

女の人が女の人を好きになる、男の人が男の人を好きになる、それはいまの社会では、変わっているとみられます。そんなの信じられない、と言う人もいます。

わたしだって、本の中で同性愛の人のことを読んだとき、こう思っていました。――みんなから特別に見られるのがどんなにつらいかはよくわかる。だけど、生まれつき障がいのあるわたしとは立場が違う。みんなに「変だ」と言われるのがいやだったら、だまっていればいいんだし、つらいんならやめればいいんだから。

でも「わたしはゲイです」とはっきり言う人たちに出会って、考えが変わりました。ユニークな家族をたくさん見ました。女性同士のカップルで、一人は耳が聞こえなくて、もう一人は車いす。そして子どもが二人。それぞれ、以前結婚していたときの子どもです。その四人が、とっても楽しく暮らしていたのです。

大きな家に、いくつかの家族が共同で暮らしているところにも招待されました。どの人がどの子どものお母さんなのか、お父さんなのかわかりません。わたしはキョロキョロまごまごしてしまったのですが、みんなそんなことには、ぜんぜんこだわっていないのです。すごく自然でした。食事もそうじもせんたくも、みんなで分担しあっていて、男の仕事、女の仕事、なんていう区別もありません。

どう生きるか、どこでだれと暮らすか、何が好きか、どんな考え方をするか。わたしたちは、ぜんぶ自分で選んでいいのです。それをかくさなければいけなかったり、はずかしく思ったりしなきゃいけないなんて、おかしいことなのです。

たった半年のアメリカでの生活が、わたしにこんなにたくさんのことをおしえてくれました。

あなたは自由になっていい。それが、いちばんのおしえでした。

「ようし、一度だけの人生だ。自分のために自由に生きよう！」

そんな思いを胸に、わたしは日本へと帰ってきました。

4 結婚したかったのは、なぜ？

白馬の王子さま幻想

女の子たちに聞きたい。あなたが小さいころ「大人になったら何になりたい？」と聞かれて、「およめさん！」と答えたのをおぼえていませんか？男の子だったらきっと「パイロット」とか「エンジニア」とか「プロ野球の選手」なんて胸をはったのでしょうね。中には「みんなに尊敬される人になる」「りっぱな人になりたい」と答えた人もいるかも。

でもわたしが小さいころの女の子たちの夢は、どんな仕事をするかでもなく、どんな人になるかでもなく、「結婚」でした。

世の中の人たちは、「障がい者」はそんな夢なんてみないものと思っているかもしれないけれど、わたしだってほかの女の子と同じように、結婚にあこがれていました。でも大きくなってからは、わたしにはきっとむりなんだと、結婚への思いを押し殺してきたのです。

二八歳のとき、半年間アメリカで暮らして、ほんとうの自由を体験しました。「なんでもやりたいことをやって生きよう！」というすごく元気な気持ちになりました。わたしのやりたいことってなんだろう、そう考えたとき、「そうだ、結婚がしたいのだ」と思ったのです。

そのときわたしには、大切な恋人がいました。六年のあいだいっしょに暮らしていた人です。彼はわたしよりも障がいが重く、日常のことをするのも一人ではたいへんなのに、よろこんでわたしをアメリカへ送り出してくれました。それはそれはやさしくて、ものごとをまっすぐに見られる人でした。アメリカにいるあいだも、なんども手紙ではげましてくれました。帰ってきてからも、いつもわたしを支えてくれました。

わたしは彼を、心から愛していると思っていました。

でも、正直に言います。わたしが「結婚したい！」と思ったとき、相手は彼ではなかったのです。

小さいときから、幸せな結婚って、白馬にまたがったすてきな王子さまが迎えに来てくれることだと信じていました。車いすの人が王子さまであるはずがなかったのです。女の子ならたぶんわかると思う。なんとなく「結婚」にあこがれ、きれいな花嫁姿を夢みて、かっこいい王子さまを待ちこがれるように、まわりの大人たちも、絵本も、テレビも、女の子たちは王子さまを待つものだ、というイメージを植えつけるのです。それはそれはたくさんの方法で、女の子の結婚への夢はつくられていくのです。

それに車いすの二人が結婚したら、まわりの人はどう思うだろう。かわいそうな人同士が助けあって生きている、つりあっているから世の中これでいい、でもなんだか同情しちゃう、そんなふうに思うんじゃないだろうか。それではぜんぜん日本の社会は変わらないっていう気がしました。

わたしはそのとき、日本のいろいろなことにがっかりしていました。さいしょは、アメリカで学んだ障がい者の福祉の仕事をすぐにでもやりたいと思って、計画を胸にいっぱいにして役所などを回って歩きました。でもアメリカと違って、役所の人たちはちっともわたしの話を聞いてくれないのです。

障がい者だって、差別なんかのりこえて、障がいをもたない人と幸せな結婚ができることをまわりの人に見せてやりたい。そうしたらみんなおどろくだろう。この社会もちょっとは変わるかもしれない。当時、わたしはそう思っていました。

心がズタズタに

わたしの王子さまは、四〇〇ccのオートバイに乗ってさっそうとあらわれました。わたしは彼の後ろにまたがり、彼の腰にしっかりつかまりました。ブルン、ブルン、彼はエンジンをふかしました。おきざりにする恋人を、わたしはそのときだって愛していました。「あなたの一度きりの人生だ。自分のほんとうにしたいようにしたらいい」と、その人は言いました。ごめんなさいの気持ちで、気が遠くなりそうでした。

これからは、つらいこともいっぱいあるだろうと思いました。障がいをもった花嫁を、彼のまわりの人たちは祝福してくれるだろうか。そんな思いで、頭の中がぐるぐるしていました。いま走りだそうとしている彼に、わたしのとまどいや不安がそのまま伝わっていきそうな気がしました。わたしは自分の気持ちをふりきるように、大きな声で「オーライ！」と叫びました。

わたしは「婚姻届」をもって、彼の親に会いに行きました。それは一枚の紙きれですが、その紙を役所に出せば、「結婚」したことになるのです。

でもわたしはその一枚の紙の前で、ズタズタに心を傷つけられたのです。

彼の親はわたしを、「身のほど知らず」「車いすに乗ってる女を嫁と呼べるか」「悪魔」「たたり」と言いました。悲しいと思う余裕もありませんでした。ただただおどろきで、涙も声も出ません。彼のお母さんが、彼の胸にすがってうらめしげに泣くのを、ぼうっと見ているだけ。それでも彼は立ち上がり、わたしの手をとって家を出てくれました。

自分のしたいことをやること、まわりの人を変えていくこと、それはつまり、こうしたことだったのです。こんなにたいへんなことだったのです。

これが結婚？

わたしは彼の親に会うのがすっかりこわくなってしまったので、親のことは彼にまかせ、二人の生活をまずつくろうと、がんばりました。力をあわせて生活していけば、彼の親だって認めてくれるかもしれないと思ったのです。

その生活は、「内縁関係」と呼ばれました。婚姻届を出していなかったからです。だけど、前の恋人との生活とも違いました。二人はただいっしょにいたいから暮らしているのではなくて、彼は働いてお金をかせいでくる役、わたしはそのお金でやりくりし、家の中のやれることをやって待つ役になりました。

近所の人から「奥さん」と呼ばれて、あわてました。だってわたしは中学を卒業してから通信制高校で学ぶまでの数年間、外へも出られず、ずっと家の奥にいたので、もう二度と奥にはいたくないと思っていたのです。だからこそ、障がい者運動に出会ってから、どこでも飛び回って、活動的に生きてきたのです。それなのに突然、「奥さん」になってしまったのです。

彼の名字で呼ばれることも多くなって、何だか自分が自分でないような変な気分にもなりました。そのあいだも、彼の家族からの反対はつづいていました。

これがわたしのしたかった「結婚」なのかと、心の底のほうで疑問が黒雲のようにわいてきました。その思いに向かいあうのはとてもこわいことでした。だって、大切だった恋人をあんなに悲しませ、まわりの人たちを混乱させたのだから。わたしたちは二人とも不安と混乱でもがきながら、やっと生活をつづける日々でした。

そんなある日、ツーリングをしていたわたしたちは、トラックにはねられました。二人は別々の病院に入院させられ、彼は彼の家族にとりかこまれて別れるよう説得されるし、わたしはわたしの家族に見守られながら、さよならするしか答えはないと思うと、苦しさで身も心もばらばらになりそうでした。

二人とも退院して、体調が完全に戻るまで、という条件で、もう一度「内縁関係」に戻りました。つらい日々でした。待つばかりの人生はいやだと思いながら、差別に負けて別れるようでくやしく、はらだたしく、彼にもめちゃくちゃにあたりました。彼のいないあいだに、朝からお酒に手を出すようになり、一カ月のあいだ部屋でお酒にひたっていました。徹底的に自分を痛めつけ、苦しんでもがきました。

ある日、酔っ払って倒れてストーブにべったり手をつき、ひじから手首まで大やけどをしました。そのとき「このままではほんとうにだめになってしまう」と気づきました。わたしはお酒をやめました。

どうしてこんなに傷ついてしまったのだろう。

わたしは「結婚」へのチャレンジのために、障がいをもった大好きな恋人をおきざりにし、夢中で飛び込んだ相手の家族からは障がい者だからと差別されたのです。その中で必死につくった暮らしも、わたしをどんどん閉じこめていきました。

一年たって、わたしたちは別れました。

小さいころに植えつけられた結婚への思いにふりまわされるのはやめました。自分のことをほんとうにだいじにしたいと思いました。

そして、わたしが心からやりたかったこと、人と助けあうためのカウンセリングの仕事を勉強しようと、東京に出ることにしたのです。

5　思いっきり泣こうよ！

「車いすの人ははじめて」

三〇歳のとき、私は東京で暮らしはじめました。カウンセリングの勉強をするためです。

いろんな講座を回って、そのたびに「車いすの人ははじめて」と言われました。

たいていの会場に階段や段差がありました。まわりの人たちに手伝ってもらわないと動けません。「かわいそうだから助けてあげる」という人の態度に傷ついちゃったり、なんだか腹が立ったこともありました。

わたしのつらさは「わたしだけの特別な問題」で、「みんなの問題」にはなっていなかった。まわりの人だけじゃなく、わたしも自分でそう思いこんでいたのです。

みんなも「どうせ大人はわかってくれない」とか、「どうせ女の子の気持ちなんか男の子にはわからない」なんて、自分の気持ちにフタをしちゃうこと、ありませんか？

フタをしちゃったら、ぜったい相手には見えっこないよね。

ある講座では、わたしにつづいてもう一人、車いすの友人が参加したあと、「障がい者がいると世話がたいへんだから、これからは参加を断ることにしよう」と決めたそうです。

ほかにも、がっかりしたことがありました。

講座の先生は、「あなたの気持ちを整理してみましょう」「どうしてそう思うようになったのか、考えてみましょう」と言います。でも、なんだかそれって、「あなたの言いたいことは、結局こうでしょう。わたしにはちゃんとわかっています」「でもほんとうはそうじゃなく、こう感じるべきなんですよ」というふうに聞こえるのです。

わたしは小さいころ、骨折と手術を何度もくりかえしました。そのたびに、「痛いよ！」「いやだよ！」と泣き叫びました。すると医者や養護学校の先生は「泣くんじゃない。あなたのためにやっているんだから」と言うのです。

でも、「あなたのため」と言う前に、「そうか、痛いんだね」「いやなんだね」と、わたしの感じていることをちゃんとわかってほしかったのです。わたしがすごく痛がっているんだっていうことを先生たちがわかってくれさえしたら、あの苦しみは百分の一に減ったに違いありません。

子どもだから、障がいをもっているから、女の子だから、かわいそうな子だから、ということじゃなく、ほんとうに対等に、わたしの気持ちに耳をかたむけてほしかったのです。

ピアカウンセリングを広める

東京に出て一年たって、わたしは「ピアカウンセリング」をさらに学びました。「ピア」というのは、「仲間」という意味です。

ピアカウンセリングはアメリカではじまったやり方で、欧米では広まっていましたが、日本ではまだスタートしたばかり。わたしのクラスも、日本人が二人、外国人が五人で、話すのは英語でした。女性のフェミニストが集まったクラスで、リーダーはイギリス人でした。

さいしょに「泣いていいよ」と言われて、びっくりしました。

泣きたいことがあるなんて思わなかったし、大きくなってから人前で泣いたことなんてなかったから。

でも、わたしは泣き出してしまいました。そして、泣きながら、「おまえなんかきらいだ!」と小さいわたしに注射や手術をした医師に、文句を言っていました。そして、「もう注射しないで!」「出ていけ!」と叫んでいたのです。

わたしはこんなに傷ついていたんだ、とはじめて気づきました。

泣きじゃくっているうちに、ピッピッ、と時間を知らせるベルが鳴りました。そのクラスは、時間がくると、話をする人と聞く人が交代します。わたしの時間が終わったのです。

なんでこんなに泣いちゃったんだろう、とはじめてのときは不思議に思いました。

泣くことができたのは、ここでは安心して泣いていい、かんしゃくをおこしたっていい、と言われたから。だれも、泣いているわたしをなぐさめようとしたり、泣くのをやめさせようとしたりせずに、「いま、この人はすごくだいじなことをやっているんだ」と、やさしく見ていてくれたから。

もう一つ理由がありました。英語でやっていたので、何がどう悲しいのか、くわしく説明なんかできなかったのです。子どもが、言葉にならずにわーっと泣くのと同じ。

言葉にならずに泣いちゃうって、すごいことです。だって、「どうやって説明しようか」「うまくわかってもらおう」なんて考えると、感情の流れはそこでいったんストップしてしまいますよね。説明しようと思わずに泣くと、フタをしていた思いもどんどんあふれてくるのです。

じゃあ、ベルが鳴ったとたんに、すっと涙がひいたのはどうしてだろう。一度泣き出したら、感情におぼれて止まらなくなるんじゃないか、と思っていました。でも、がんがん泣くわたしの肩にそっと手を乗せて見守っていたカウンセラーは、ベルの音を聞くと、「あなたの時間は終わり」と言い、わたしも不思議と「今度はあなたの時間」と納得していたのです。

I'm not powerful!

みんながカウンセリングを終わると、一人ずつ真ん中に立って、「I'm powerful!（わたしは力にあふれている）」と宣言することになりました。わたしは言いたくなかった。だって障がい者のわたしは小さいころから、「これはできない」「あれもむり」と言われつづけていて、ぜんぜんパワフルじゃなかったから。

でも、しかたないので言いました。口の中でもごもごと。冷や汗まで出てきました。「もっと大きな声で!」と言われて何度もくりかえしました。

そしてさいごにわたしは、「I'm not powerful!(わたしには力なんてない)」と叫んで、また泣き出してしまったのです。

あなたは、泣きたいときに思いきり泣けますか? どうしてよいかわからないとき、「助けて!」と叫べますか?

ほんとうは泣きたいのに、その気持ちを閉じこめて、だれかに八つ当たりしたり、いじわるを言ったりしていませんか? どうせわかってもらえない、わたしってかわいそう、と思っていませんか?

それじゃあ、あなたがすごく小さかったときは?

子どものあなたがお父さんやお母さんと動物園に行って、迷子になったらどうする? お父さんやお母さんの姿を見つけたとたん、しがみついてわんわん泣き出すよね。

お父さんやお母さんは「もうだいじょうぶ。泣かないで」と言うと思う。泣いているのは悲しいからだ、もう会えたんだから悲しくないはずなのに――親はそう思うから。

でもほんとうは、悲しいからじゃなく、悲しみをいやすために、子どもは泣くのです。親の姿を見つけて、「もう泣いていいいんだ」と安心して、「いままでひとりで悲しかったよ!」という気持ちをいやすために泣くのです。泣きたいだけ泣くと、子どもはケロッとしてまた走り出します。傷ついた気持ちがすっかりいやされたから。

そう、わたしたちはうんと小さいとき、自分で自分の心の傷をいやす方法をちゃんと知っていたのです。

あなたのままでいい

そのクラスに週一回通いながら、わたしはだんだん小さいころのわたしを思い出しました。聞いてくれなくてもあきらめずに、泣き叫んでいた子どものわたしを。

「もっともっと泣きたい」と思いました。

悲しい気持ちやつらい気持ちをいっぱいかかえながら、考えるのはむずかしいこと。感情を思いきり出してしまうと、頭の中がクリアになって、自分のことやまわりのことがよく見えるようになります。もう傷ついていないから、八つ当たりもいじわるもあきらめもありません。そうなれば自分がほんとうは何をしたいのか、そのためにはどうすればよいのか、だれよりも自分自身がいちばんよく知っていることに気づくのです。

だから、ピアカウンセリングではアドバイスも質問もしません。「あなたはそれでいい」「どんどん泣いていい」「怒っていい」「あなたのやりたいことはきっとできるよ」という気持ちをこめて聞く。それがカウンセラーの役目です。

わたしはいっぱい泣き、怒りをぶつけ、新しいわたしになりました。そして、ピアカウンセリングを広めることを、自分の仕事にしました。
あなたがどんなに傷ついていても、あなたは自分の心の傷をいやす力をもっている。

悲しいと感じていいのです。つらいと思ってだいじょうぶ。だれかを「大好き！」と思っていいし、「大きらい！」と思ってもいいのです。あなたがフタをしている気持ちを、出してあげようよ。

6　たったひとつのわたしのからだ！

自分のからだは「痛みのもと」

いつかあなたにした質問を、もう一度します。

あなたは、鏡を見るのが好き？

はだかになって、自分のからだをどこもかしこもぜーんぶ、きちんと見たことはありますか。

どんな感じがする？

足が太いって？　背が低いからいや？　ニキビがいっぱいではずかしい？　胸が小さすぎるから（あるいは大きすぎるから）、いやになっちゃう？

毛深いのが気になる？　体臭があるのがいや？

わたしはもともと、自分のからだが好きじゃなかった。

生まれたときから二歳になるまで、一日おきに注射を打たれて、二〇回の骨折と八回の手術。むりやり歩く練習をさせられたこと……わたしのからだがわたしにくれるものは、「痛み」ばかりでした。

自分のからだは「痛みのもと」でしかない、そう思って育ってきたのです。だから、一〇代になったわたしにとって、自分のからだに向かいあうのは、気が遠くなるくらいたいへんなことでした。

一〇代って、だれかのことを好きになるとき。それはとってもすてきな、わくわくすることのはじまりです。それなのに、わたしのからだは人よりずっと小さくて、背中だって曲がっていたのです。

こんなからだは、だれも好きになってくれるはずがない。

わたしは、自分のからだを攻撃しました。からだがつらくなることを、いっぱいいっぱいやったのです。

お酒で父とけんか

お酒をはじめて飲んだのは、一四歳か一五歳のとき。わたしはそのころ、「これからどうなるの」「わたしはどうやって生きていくんだろう」ってすごく悩んでいました。

その日はお休みの日でした。父親が、早めの晩酌《ばんしゃく》をはじめて「一杯だけ、飲んでみるか?」とわたしに聞いたのです。「うん!」とすぐに飛びつきました。心の中がもやもやして、つらかったから、何かすごいことをしたかったのです。

父は自分も酔っていたので、「一杯だけ」のはずが「どんどん飲んでいいぞぉ」と二杯め、三杯めとコップについでいきます。そして戦争に行ったときの話をしてくれました。

わたしの父は、第二次大戦中に満州(いまの中国東北部)へ行かされ、戦争が終わったあとはソ連（いまのロシア）の捕虜《ほりょ》になってシベリアで働きました。父は、日本の国や自分がやってきたことに、ものすごい絶望と罪悪感をもっていました。政府やマスコミの言うことをうのみにせず、自分の目でものごとをしっかり見るのがだいじなんだ、と言いました。

わたしも自分の考えを言い、二人で議論になったことはおぼえています。でも何を話したのか、結局、二人とも酔っているので、ただわめきあうだけになってしまいました。

母がおろおろして、何度も止めに入りました。その前からわたしは、母と妹の心配そうな視線を、ほっぺたのあたりに感じてはいたのです。でも、ブレーキがききません。

ほんとうは聞いてほしいことがあるのに、ちっとも聞いてもらっている感じがなく、おたがいに自分のことを聞いてもらおうと、どなりちらしているのです。お酒を飲んでいるときって、そうだよね。聞いてほしい気持ちはどんどん行き場がなくなって、「聞いてよ、聞いてよ」ってどなりたくなってくるのです。

とうとうわたしはからだが苦しくなって、意識がなくなりました。気がついたとき、自分の部屋のベッドで、吐《は》きたいのに吐くこともできず、うめいていました。父親が酔ってふらふらしながら、「救急車を呼ぼうか？」とのぞきこんでいます。

母が冷たいタオルを頭にのせてくれました。次の日も、その次の日も、頭ががんがんしました。

それからはもう飲まなかっただろうって？

いいえ。

わたしは、酔って何だかわからなくなることで、自分の悩みや悲しみに向かいあわなくてもすむんだということを知ったのです。だんだんと、自分がいやになるたびに、お酒の力を借りるようになりました。

恋人の前でたばこ

二〇代になってから、お酒のほかにもいろいろ、きらいな自分を忘れるための方法をおぼえました。

たばこ、コーヒー。わたしのからだにはカフェインがあわなくて、飲むとドキドキして眠れなくなるのです。それでも飲みました。たばこだって、小さいわたしのからだにはとても苦しい。

たばこもお酒も、何度もやめようとしたのです。

からだは「苦しいよ」ってしょっちゅう伝えていました。「お酒を飲んだって、たばこを吸ったって、何にもよくならないよ。ずっと苦しいままだよ」って心の奥で声がしていた。

でも、やめられなかった。その声を、ちゃんと聞けなかったのです。

あなたのからだは、あなたに何を伝えてくれている?

「いっしょうけんめいダイエットしているけど、ほんとはやせすぎだよ」って小さな声で言っているかもしれない。

「疲れちゃったよ。コチコチになってないで、もっと楽しくしたいよ」って言っているかも。


わたしがお酒をやめたときのことは、前に書いたよね。

たばこをやめたのは、こんなことがあったから。

わたしの恋人は、たばこが大きらいでした。あるとき、秘密で吸っているのがつらくなり、ついに彼の前で一本だけ吸いました。そのときの、彼の目は忘れられません。

おどろきと、悲しみと、そして軽蔑《けいべつ》と。

彼がいやがることはわかっていて吸ったのに、わたしはすごくショックを受けました。それからは、もう吸っていません。

仲間のおかげで

その彼とも、やがて別れることになりました。ほんとうに悲しかった。でも、そのときのわたしは、自分の悲しい気持ちをかくしたり、心のすみにおしこめたりしなくてもよかった。大好きなピアカウンセリングの仲間に囲まれて、思いっきり泣くことができたから。だから、たばこもお酒もいらなかったのです。

ときどき、息を深く吸い込んでみます。

自分の肺がちゃーんと働いているのがわかって、うれしくなる。わたしのような障がいをもっている人は、呼吸器が弱いので、たくさんの友だちが二〇代や三〇代で亡くなっています。だから、肺がしっかり動いているのを確かめると、「ありがとう」って言いたくなるのです。

わたしがたまに食べすぎても、胃や腸はちゃんと動いて消化してくれる。

だからときには、「ちょっと休んでね」と空腹感を楽しみます。

わたしは小さいころは寝たきりだったのに、車いすで日本中、世界中を飛び回る日々を過ごしています。友だちはわたしがあんまり元気なのに目をみはります。自分でも、同じからだとは思えないくらい。それに、わたしはひとりぼっちじゃない。

自分のからだがきらいなのは、ひとりぼっちだから。だれも自分のことなんか好きになってくれないと思うから。

だからわたしはいま、大好きな人たちといっぱい手をつないだり、抱きあったりしています。人の温かさを感じること。そうすると、ひとりぼっちじゃなくなるし、どんどん自由になれるのです。

わたしのからだはわたしのいちばん大切な友だちです。

だれとも会わない日でも、「調子はどう?」「どんなふうにしたい?」ってわたしのからだに話しかけます。からだの言っていることを聞きます。からだが望んでいることをしてあげます。おいしい食事をつくったり、動くところを動かしてダンスをしたり。

自分のからだを好きになってね。世界にたった一つの、あなただけのものだから。

わたしはみんなのことが、すごくすごく大好きだよ。

7 生まれてきてよかった

父と戦争

もしかしてあなたは、「産んでくれなんてたのんだわけじゃないよ!」なんて、親に言ったことはないかな。

その言葉は、こんな気持ちの裏返しだと思うのです。

親に「あなたが生まれてよかった」「あなたがこの世に生まれてくれて、どんなにうれしいか」って、言ってほしい。

だれだって心の底で、きっとそう思っているのです。

この章は、父とわたしのことを書きます。

父は、わたしが三五歳のとき、肺がんで亡くなりました。

あなたは、「お父さんはどんな人?」って聞かれたとき、目の前にどんな姿が浮かぶかな。にこにこ笑っている顔? 怒っている顔? それとも背中を向けている?

わたしの小さいころの、最初の記憶の中の父親は、ちょっとふきげんなむずかしい顔をしています。

それは真夏の暑い夜の光景です。父は食卓で安いウイスキーを飲んでいます。わたしたちの家は貧しかったので、冷蔵庫がありません。だから父は、氷のかわりにアイスキャンディーをコップの中に入れています。

父はうつろに遠い目をして、ちびちびとウイスキーを飲んでいます。その父のまわりに、兄と、わたしと、妹の三人が、茶色いウイスキーの中でとけていくアイスキャンディーをじっと見つめながら、「一口なめていいぞ」と父が言ってくれるのをいまかいまかと待っているのです。

でも父は、飲めば飲むほどふきげんになり、母の料理に文句を言ったり、兄や妹をちょっとしたことできびしくしかりつけるのでした。

そんなときの父は、何を思っていたのでしょう。

次の記憶に浮かぶ父は、自分の体験をいっしょうけんめいわたしに語っています。

——財産をつぶした祖父に連れられて村から逃げるように満州へ渡ったこと。そこでのきびしい生活。祖母と祖父があいついで亡くなり、やがて兵隊として戦争に行かされたこと。敗戦でやっと日本に帰れると思ったのもつかのま、捕虜としてシベリアに連れていかれたこと。

わたしは、父が何にいちばん腹を立てていたのかが、わかるようになりました。父はわたしにこう話してくれたのです。

「世の中にはウソがたくさんある！　いちばんのウソが戦争だ。お父ちゃんはずっと、天皇は神様だと思っていた。戦争が終わったとき、いままで間違ったことを信じ込まされていたとわかって絶望した。世の中が思い込ませるウソにおまえたちはだまされるな。ほんとうのことを知るために、勉強しろ」

かわいそうな子？

父自身、すごくものごとを知ることに熱心な人でした。

父は、六〇歳近くなってから、英会話を勉強しはじめました。きっかけは、父の妹がアメリカのシアトルで暮らしていること。そこへ行ってみたい、というのです。

実際に何度か出かけていきました。行くたびに「なかなか英語は通じない。まいった、まいった」と言って帰ってきます。

でもそのあとで、こう言うのです。

「だーっと英語をしゃべられても恐怖はなかった。わからん、と思いながら、わかりたい、という態度がとれる。それはこっちが勉強しているからだ。いいことだ」

父はわたしと、いろんな話をしました。どちらもがんこな性格なので、どなりあいになったりもしました。それでも最後は、「おまえはかしこい子だ」とほめてくれるのです。そんなときは、「おれの食べものの好みとそっくりの純子（わたしの本名）」と、誇らしげに言うときと同じ、とってもやさしい目をしていました。

でも、兄や妹と話しているときの父は、すぐに「親の権威」をふりかざすところがありました。「テーブルにひじをついて食べるな！」「だって疲れてるんだもん」とあらそったところで、ビタンとぶつのです。

わたしだけは何を言ってもぶたれませんでした。それは、わたしが「障がい者」だから、父にはどこか「すまない」という気持ちがあったのかもしれません。

わたしが生まれて一カ月の健診で、親は言われたそうです。この子は骨折しやすい。この子は背がのびない。この子は二〇歳まで生きられない。

どんなにショックだったでしょう。わたしが生まれて「うれしい」という気持ちより、「かわいそう」という気持ちのほうが大きかったかもしれない。だからこそわたしは父にぶたれる不安もなく、自分の気持ちを言えたけど、でも「かわいそうな子」と思われるのは、とってもとってもつらいことです。

言葉でははっきりそう言われたわけじゃないのですが、一つ、とっても悲しいできごとをおぼえています。わたしよりも重い障がいをもつ恋人を、家に連れていったときのことです。

「そういう人といっしょにならなければいけないなんて、すまない。苦労のない生活をさせてやりたかった」と父は言ったのです。

お父ちゃん、ひどいよ。わたしの大切な恋人をぶじょくするなんて。彼はほんとうにすてきな人だし、わたしだってちっともかわいそうじゃない。こんなにすてきに生きてるよ。

わたしは父に怒ったけど、それ以上になんだか悲しかった。

どうしてだろうと、そのことをピアカウンセリングで話しました。

話しているうちに、気づいたのです。わたしがいるために、親がよろこぶのじゃなく、苦しんでいるのかもしれない。それが、わたしには苦しかったのです。

わたしは、父にこう話すことに決めました。

「生まれてきてよかった」と。

カウンセリングの中ではうまく言えるのに、面と向かうとなかなか自然に言えません。でも、心して何度も言うようにしました。

最後の日々

父ががんだと知ったのは、京都のホテルにいたときです。妹からの電話で、わたしはすぐに福島の実家に戻ることにしました。友人たちが京都の駅まで送ってくれて、駅員さんたちが車いすを運んでくれました。そして新幹線に乗って一人になったとき、わたしは急に泣き出しました。泣きながらノートを広げて、わたしが父のことをどんなに好きかを書きつづりました。

書いたり、泣いたりして、実家に向かいました。

それから一年半のあいだ、わたしは父と少しでもいっしょにすごそうと、東京と福島の実家を往復しました。そしてピアカウンセリングでは、毎回、父のことを話して泣きました。

でも、どうしてこんなに泣けるんだろう。こんなに泣いていたら、おかしくなっちゃうかもしれない。

あるとき、気づきました。

わたしはもともと、あの人の精子だったんだ。自分がしっぽのある精子になって、母親の胎内をいっしょうけんめい泳いでいくところが見えたような気がしました。それを思い浮かべると、なんだか気持ちがよくて、力強い感じがしました。

自分を生まれさせてくれた「でどころ」を惜しむのは、あたりまえだよね。いくら泣いたって変じゃない。そう思ったら、安心しました。

父は何度も入退院をくりかえしました。父も家族も、なるべく家ですごすことを選んだからです。

思い出のいちばん終わりは、とってもやさしい父です。

それは、最後となった入院の前夜のこと。

父は、苦しい苦しい息づかいの中で、その苦しさをまぎらわそうと、リモコンでテレビをつけたり消したりしていました。わたしが「胸をなでようか」と声をかけると、「いいな」と言いました。ねまきの下に手を入れると、すっかりあばら骨の浮き出た胸が、ぜいぜいと一瞬も休むことなく鳴りつづけています。

わたしは涙声になりながら、「生まれてきてよかった」と言いました。

父は、三カ月前までつづけていた英会話の復習をするかのように、口を開きました。

「純子の誕生日は二月だからフェブラリーか。お父ちゃんはオクトーバーだ」

つづいて父は言ってくれたのです。

「純子はサーティいくつだっけ。よく生きてきたな」

わたしは、だまって父の胸をさすりつづけました。

「おまえも風邪をひくから、ありがとう、休んでいいよ」

父は、その一週間後に亡くなりました。

ほんとうに、生まれてきてよかったよ。

ありがとう。お父ちゃん、大好きだよ。

8　妹へ、そして泣くのをがまんしてきたあなたへ

あいちゃんの悲しい目

うんと小さいころ、泣きたいのにがまんしていた人はいませんか？

お父さんや、お母さんや、お兄さんや、お姉さんに「もっとそばにいて！」「こっちを向いてよ！」って言いたいのに、いっしょうけんめいこらえていた人は、いませんか。

いまでも、泣きたかったり叫びたかったりするのに、がまんしている人はいませんか。

わたしの妹は、小さいころ、よくしくしくと泣いていました。ほんとうは、あの一〇倍も二〇倍も泣きたかったのだと思います。

それがわかったのは、おたがいに大人になってからです。

この章は妹と、それから、泣きたいのにがまんしていたあなたに向けて、書こうと思います。

妹は、あいちゃんといいます。

あいちゃんとわたしは、いつもいっしょでした。

わたしは子どものころ、骨折と手術をくりかえして、しょっちゅう寝てばかりでした。外に遊びに行けないから、妹がそばにいないとぜんぜん楽しくなかったのです。

妹はいつも、「お姉ちゃんのめんどうをみなさい」と、両親に言われていました。あいちゃんだって、きっと外に行きたかったよね。外で思いきり遊びたかったはずだよね。

わたしがたのんだ駄菓子のくじがはずれだと、妹は自分のおこづかいをさんざん使って、当たりのくじを引こうとしました。あいちゃんはいつも、お姉ちゃんをさびしくさせたり悲しくさせてはいけないって、思っていたんだよね。

わたしは白いギプスに固められて、いつも苦しくて、泣いたり怒ったりしていました。自由に動けないつらさを、妹にぶつけていました。

妹のだいじなお人形を取って、自分がされた手術を人形の足にしたこともあったし、新しい洋服やおもちゃをわたしより先に妹が買ってもらうと、許せないと泣きわめいて取りあげたこともありました。

妹は、「フン、おまえになんか負けるか!」と言って人形を取り返して、走っていってしまうこともできたはず。わたしは追いかけられないのだから。

でも、あいちゃんは、じっとそこに立ったまま、悲しい目をしてしくしく泣くだけでした。

もちろん、仲よしのときもいっぱいありました。

わたしは夜になると、自分でつくったお話を妹に話して聞かせました。

あいちゃんは、それをとっても楽しみにしてくれました。

「お姉ちゃん、もっと、もっとお話して」

と、いつだっていっしょうけんめい聞いてくれたのです。だから、わたしの想像力はどんどん広がっていきました。

妹は、わたしにいっぱいいっぱい愛をくれていたのだと思う。小さなあいちゃんは、どんな大人よりも大きな贈りものをわたしにくれていたのです。

でも、あんまりそばにいたから、そのころのわたしには当然すぎて、気づくこともありませんでした。

でも妹のほうは、いっぱい愛をもらえていたのでしょうか。あいちゃんのことを考えていくと、涙が止まらなくなります。

かまわれなかった妹

母は、わたしの世話にあけくれて、妹のことはあんまりかまっていられませんでした。

わたしが入院しているときは、母はいつも病院につきっきりでした。だけど妹は、「お母ちゃん、行かないで!」と泣きわめくことも許されなかったのです。

痛い思いをしているお姉ちゃんのほうがかわいそうだ、お姉ちゃんのことを考えてあげなさい――いつも、そう大人たちに言われていたから。

あいちゃんは、ちょっとだけぐずぐずと涙をこらえて、母のスカートにまとわりつくだけでした。母はそんな妹に時間をあげたくてもあげることができず、ふりはらうようにして出かけなければならなかったのです。

妹は、わたしの言うことを聞いて、わたしがよろこぶようにしていないと、父や母から愛してもらえなくなるって、思っていたかもしれません。

もっとのびのび、いつくしまれて育つはずだったのに、わたしのために、いつもおとなしくていい子じゃなければいけないって、役割をおしつけられていたのです。

どんな子も、心から愛される必要があります。いい子にしていなくたって、まるごとのままで「大好きだよ」って抱きしめてもらう必要があるのです。

あなたも、うーんと愛されるべき人間です。

だから「もっと愛してよ！」と叫んでいいんだよ。聞いてもらえる友だちとか、泣きたいときには泣ける相手が、一人でもいいから必要なんだよ。

わたしも足が悪くなりたい

妹は、大人になってから、わたしにこう言いました。

「ずっと心の中で、わたしもお姉ちゃんみたいに足が悪ければよかったのに、と思ってた」

あんなに痛い思いをしていたわたしがうらやましかったなんて、びっくりしました。

「わたしも足が悪くなりたい。お母ちゃんのそばにいたい。お母ちゃん、病院に行かないで」

たくさんそう言いたかったのに、がまんしていたのです。

さびしかったよね。

悲しかったよね。

妹は、三人の男の子を育てました。子どものときに自分がしてほしかったことを、子どもたちにしてあげたといいます。

どの子の話も熱心によく聞いて、いい子にしていなさい、と命令しません。「お母さんが、どれくらいあなたたちのことを大好きか」ということを、たくさん話して聞かせました。「男の子だから泣いちゃだめ」なんて、ぜったいに言いませんでした。

泣きたい子にはうんと泣かせてあげて、泣くのをがまんしようとする子には、うしろからぎゅっと抱いて、「あなたのことをどんなに好きか」を話してあげました。

そんな妹でも、「いやな気持ち」になっちゃうときがあったといいます。

子どもたちがうしろから抱きついてきて、つい「うるさいわね」とか「自分で遊びなさい！」と言ってしまう、そんなときもたまにありました。

どうしてそんなこと、言ったんだろう。言ってしまった自分がいやになったそうです。子どものとき、同じことを言われたからかな――そして、お母ちゃんにもっと抱きつきたかった気持ちが痛んだのでしょう。

そうやって、ときどきチクリと痛む気持ちを抱えながら、でもあいちゃんは、すごくすてきなお母さん。これからもっともっと、すてきになっていくと思います。

大切な人は近くに

大人になって生きていくというのは、小さいときの自分をもっと助けられるようになるっていうことじゃないかな。そのために、かしこくなったり、いろいろなことを考えられるようになるのだと思います。

泣きたいのにがまんしていたあなたも、その気持ちをいっぱい出してごらん。

悲しくたっていいんだよ。泣いたっていいんだよ。

気持ちを出せば、いまよりうまく自分を助けられるようになるよ。

わたしと妹は、ピアカウンセリングをやりながら、うんと気持ちを言ったり、それを聞いたりしました。そして、おたがいがどんなに大切な人かがわかったのです。

あなたにとって大切な人はだれ？

わたしは長いこと、自分にとって大切な人が、どこかからあらわれて、わたしを助けてくれるんだと思っていました。そんな人があらわれるのを願って、恋人を探しつづけました。

あなただってそうじゃないかな。

「自分のことをわかってくれる人なんかいない」

「でもいつか、そんなすばらしい人があらわれるはず」

「だからそういう人をずっと待ってる。探してるんだ」

そんなふうに思ってない？

女の子は、自分を助けてくれる、強くてかっこいい男の人が、いつかどこかからやってくるはずだって夢みるよね。

男の子は、自分を見守って世話してくれるやさしい女の人が、どこかにきっといるはずだって考えるよね。

だけどわたしの大切な人は、こんなに近くにいたのです。

あいちゃん、あなただよ。

いっぱい愛してくれて、ほんとうにありがとう。

わたしを守ってくれて、ほんとうにありがとう。

わたしもたくさんたくさん、あなたを支えてあげるからね。

9 パワフルに怒ろう

痛いのはいや！

わたしは子どものころ、怒ってばかりいました。

骨折して痛いし、注射も痛いし、ギプスをはめられて動けないし、外に遊びに行けないし、もって生まれた障がいのために、くやしくてつらいことがいっぱいあったからです。

生まれたころから二歳になるまで、次から次へと注射を打たれつづけました。医者のほうもわたしの病気に効果があるのかどうかわからないまま、とにかくやってみようなんて、はっきり言えば実験台だよね。自分でも不思議なくらい、このときの怒りと不信と恐怖を、からだでおぼえています。

なんでこんな痛い思いをしなきゃいけないの！
わたしは母に向かってかんしゃくをおこし、泣き叫びつづけ、とうとう二歳のとき、注射をやめさせたそうです。

考えてみると、我ながらすごいと思う。とにかく自分の力で「いやなこと」をやめさせることができたんだから。

一〇歳のころには、こんなことがありました。私自身は記憶にないのですが、妹から聞いた話です。

酔った父がテーブルを囲んでいるわたしに、「だれのおかげで食べられると思ってるんだ！」とどなりました。

わたしは負けずに、言い返したそうです。

「親が子どもに食べさせるのはあたりまえじゃないか、お父ちゃん、そんなことでいばるな！　憲法読んでいないのか」

「うるさい！　障がいのある子なんか、どぶに捨てる親だっているんだぞ……」

「そんなはずかしい人間と比べるなんて、自分がはずかしくないのか。恥《はじ》を知れ、恥を!!」

すごい言いあいになって、最後にはもう涙声で叫んでいました。妹はベッドでしくしく泣き、母は茫然《ぼうぜん》と立っていました。わたしは、その母にも怒りをぶつけました。

「お母ちゃん、なんでだまってるのさ。どうしてお父ちゃんに言われっぱなしになってるの!」

わたしがこれほどに怒りをぶつけられたのは、すぐに骨折してしまうこのからだが、わたしを守ってくれたから。父はわたしをぶてなかったのです。

とことん怒って泣いたわたしは、それで気がすんだらしくて、このことをおぼえていません。でも、一人でじっとこらえていた妹は、いまだに忘れられずにいるのです。

怒るのは悪いこと？

あなたはどうだった？　大人に向かって「いやだ！」と怒りをぶつけたとき、十分気持ちを聞いてもらえた？　それとも「勝手にしなさい」「うるさい！」としかられた？

怒るのは「悪いこと」「子どもっぽいこと」だとだれもが考えています。子どもにとっては、大人は見上げるほどに大きくて、たとえぶたれなくても、どなられなくても、こわい存在だよね。怒り、泣きわめく子のほとんどが、大人の力でおさえこまれることで、自分の力をあきらめていくのです。

わたしは、あきらめませんでした。

でも、わたしがいちばんひどく怒りをぶつけたのは、小さな妹でした。

わめきちらすわたしのそばで、妹は逃げ出すことも言い返すこともなく、悲しそうにじっと立っていました。わたしは「あいちゃんなんかきらい！」「わたしばっかり痛い思いをしてひどい」と叫びながら、自分を責め、責めることでよけい攻撃的になっていたのです。

それからこんなこともあった。小学校のとき、いつも鼻をたらしている男の子がいました。お母さんがいなくて、ハンカチもティッシュももっていないし、ズボンからは汚れたシャツがはみ出ていた。その子に向かって、何度「汚いからあっち行ってよ！」と叫んだかわかりません。

その子がきらいだったわけじゃないのです。わたしはただ、自分のイライラや悲しみをその子にぶつけていたのです。

あなただってそうだと思う。受けとめてくれる人の前だから、出せるんだよね。あるときは自分を愛してくれる人に、そばにいてくれる人に、あるときは自分よりも弱くて立ち向かってこられない人に向かって、怒りをぶつけちゃうよね。友だちをいじめるのも、親が子どもをぶったりするのも、家庭内暴力もそうだと思う。

ほんとうは、「助けて！」と言ってるんだよね。

だけど、怒りをぶつけられた人はすごく傷つきます。もっと弱い人に怒りをぶつけたくなる。ぶつける先がなければ、お酒をたくさん飲んだり薬物を使ったりする。そうやって傷を伝染させちゃう。こんなことが世の中ではしょっちゅう起こっているから、怒りは「悪いこと」だとみんな思っているのです。

怒りの底には何がある？

わたしはピアカウンセリングに出会って、「怒っているわたしを責めなくていいんだ」と、わかりました。

わたしはセッションの中で、「医者なんか大きらい！」と叫びました。もっともっと怒っていいよ、と言われて、「注射するな！」「おまえなんかあっち行け！」「痛いよ!!　やめろ!!」とどなっているうち、涙がぼろぼろと出てきました。

たしかに子どものときから、医者はきらいだった。でも、こんなに思いきり口に出してみたことは、なかったのです。

こわくてそんなこと言えなかったし、「自分のためにやってくれてるはずだから」という気持ちもあったし。

だけど、相手がどういうつもりだろうと、わたしが痛かったこと、つらかったこと、傷ついたことは、たしかなのです。

注射の前にはもっと何時間でも、泣きわめきたかった。手術の前には、一週間くらいずっとふるえていたかった。

何度もカウンセリングのセッションをくりかえすうち、わたしの怒りの底にあった悲しみと恐怖が、涙になってだんだん溶けていったのです。

小さな子どもが怒っているときは、おさえつけずに耳をかたむけてあげてほしい。それは、「もっとわたしの気持ちを聞いて」「わたしを傷つけないで」「わたしを対等に扱って」という、せいいっぱいの表現なのだから。

一〇代になっても、小さい子どもみたいに顔を真っ赤にして怒りまくりたいときってあるよね。大人だって、もちろんそういうときがあります。怒りはがまんしてため込むものじゃなく、どんどん出したほうがいいのです。自分や相手を傷つけない方法でね。

気持ちを爆発させよう

わたしは、怒りたいことがあると、相手に直接ぶつけずに、まずピアカウンセリングの仲間とセッションをします。「もう頭にきた!」「ぜーったい許せない!」とがんがん怒ります。セッションの場が安全だと知っているから、ちゃんと聞いてもらえるから、気持ちをすっかり出せるのです。

あなたがめちゃくちゃ怒ったとき、聞いてくれる人はいますか? もしいるなら、「あなたのことを怒ってるんじゃないよ。助けてほしいから聞いて」と言ってから、怒りまくろう。聞いてくれる人がいなかったら、枕を気がすむまでたたこう。ノートに怒りを書きまくろう。

ぼそぼそ文句を言っていてもぜんぜんすっきりしないよね。そうやって怒りを中途半端におさえようとするから、何が何だかわからなくなっちゃう。

わけがわからずむかついて、八つ当たりしたり、自分を傷つけたりしちゃう。

力強く「怒ったぞ！」と気持ちを爆発させよう。

泣きたくなったら、がんがん泣こう。

そうすれば、ちゃんと考えられるようになるから。自分がどうしたいのか、相手にどうしてほしいのか、わかるようになるよ。だれかを傷つけずに、きちんと伝えられるようになるのです。

もう一つおぼえていてほしいのは、友だちに怒りをぶつけられたときのこと。

怒ってるのは、あなたを責めてるわけじゃないんだよ。心にたまっているる不安とか悲しみを、聞いてくれるあなたにぶちまけているのかもしれないし、「あなたとの関係をちゃんとしたい」という気持ちを怒りでしか伝えられないのかもしれない。どっちにしても、あなたがきらいなわけじゃないのです。だから聞けるなら、聞いてあげよう。

でも、こわかったら、逃げていいんだよ。そこにいて傷つけられるのを待っていることは、ないからね。「何か言いたいことがあるんだね。でもそんなふうに怒っていると、こわくて聞けないよ。今度のチャンスにちゃんと聞くから」と言えばいい。

そのほうが、相手だってほっとするよ。

もう一度言います。怒りを感じた自分を責めないで。

たとえ聞いてくれる人がいないときでも、怒っている自分をそのままで、抱きしめてあげようよ。

10 そして、母のこと

いつもそばにいてくれた母

ある夏、アメリカで一週間、集中的にカウンセリングを受けたことがありました。二〇時間も、つづけて自分の話を聞いてもらったのです。

それは、とてもすてきな経験でした。わたしはふだん、カウンセラーとして相手の話を聞く立場にいることが多いし、友だちとしゃべっているときも、やっぱりそういう聞き方をしていたりする。だからときどき、わたしもいっぱい聞いてもらうことが必要だと感じるのです。

二〇時間、いろんなことを話す中で、今度こそすっきりクリアにしたいと思っていたのが、母のことでした。

母は、わたしを愛してくれました。どんなときでも、どんな場でも。だからわたしは、母をちゃんと愛せるはずなのです。

頭ではそのことをわかっているつもり。なのに、どこかに母を責める気持ちがありました。その気持ちが、心の中にいつまでもわだかまっていることに、腹が立ちました。

気持ちって、自分の思い通りにはならないよね。こんな気持ちでいやだなあ、と思っても、なかなか出ていってくれない。

たとえば、だれかを好きとかきらいとか感じることは、決して楽しいことばかりじゃありません。こんな人が好きになっちゃう自分は、どうかしてるんじゃないかと思ったり、こんな人がきらいだなんて、いけないことじゃないかと思ったり。だから、わたしたちは、そんな気持ちをなるべく見ないように、見ないようにするのです。

わたしも、母を責める気持ちを表面には出しませんでした。

母にやさしい言葉をかけることもできるし、やさしい手紙を書くことだってできる。でも、責める気持ちが残っているのをずっとずっと感じつづけていたのです。ピアカウンセリングに出会ってから、そんな気持ちが少しずつ減っていったけれど、まだ心の底にたまっているものがありました。早くそんな気持ちから自由になりたい。頭だけじゃなく、わたしの心もからだも、ぜんぶで母を愛したいと思っていました。

耐えるしかなかった母

「お母ちゃんを完全に好きになりたい。でも、できない」

カウンセリングのセッションで言葉にしたとたん、涙があふれました。

母がわたしにしてくれたたくさんのことを思い出して、どんなにやさしかったかを思い浮かべて、「それでもお母ちゃんを許せない」と言って、また泣きました。

カウンセラーは、「どうしてお母さんを責めるの?」と、一度だけ、やさしく聞きました。

父がいくらどなっても、じっとだまって耐えていた母が、許せない。女だからってどうしてがまんするの？

わたしと父がけんかになっても、茫然と立っているだけだった母が、許せない。どうして何も言わなかったの？

医者の言いなりになって、医者の言うことを何でも信じた母が、許せない。どうして自分の意見を言わなかったの？

わたしが怒ってわめくのを、目にいっぱい涙をためて聞いていた母が、許せない。どうしてそんなに悲しそうだったの？

冬休みや夏休みが終わって、わたしが家から養護学校に戻るのを見送るとき、「かわいそうだ」とわたしより先に泣いた母が、許せない。わたしが泣けなくなるじゃない。お父ちゃんは「お母ちゃんを泣かすなよ」なんてわたしにたのむし、もうめちゃくちゃだったじゃない。わたしが障がいをもって生まれたからいけないんだって、思ってしまったじゃない。弱い人！

どうしてもっとわたしを助けなかったの!

「だから許せない!」と、わたしは泣きました。

でも、ほんとうはわかっていたのです。

それが、母にできるすべてだったことを。

母は、貧しい農家の七人兄姉妹弟の次女に生まれ、母の妹は双子でした。温泉街の一角に家がありました。お金がなかったので尋常高等小学校までしか行けませんでした。一二歳のときに家のために東京に出て以来、ずっとずっと働きづめだったのです。

結婚したのは、最愛の妹が亡くなる直前でした。喪《も》に服すと一年間は結婚できなくなるからと、まわりの強いすすめに従ってのことでした。

わたしにとって母は、女性であることの悲しみ、貧しく生まれ育ったことの悲しみ、教育を受けられないことの悲しみ、そういう不公平、不平等を見せつけられる存在だったのです。

女だから耐えるしかなかった、女だから結婚しなくちゃいけなかった、知識がないから目の前の医者をたよるしかなかった、わたしといっしょに社会に向かって立ち上がることなんか母にはできない――そんな中で、あきらめているように見えた母の姿が、わたしが母を責めていた理由でした。

母を許せた

でも、泣きながら話しているうちに、何かがはじけ飛んで、すとんと心が軽くなったのです。そして、はればれとした気分になりました。

「母は、いつだってベストを尽くしてきたのだ」という思いが、あざやかにやってきたのです。

母は、真夏に胸までギプスでおおわれたわたしを、一晩中うちわであおいでいてくれました。

貧しい中でも、手術の前には必ず旅行に連れていってくれました。

わたしにおいしいものを食べさせようと、足を棒にして、食べものを探し回ってくれました。

小学校の四年間、毎日わたしをおぶって、一・五キロの道のりを学校まで連れていってくれました。

わたしが養護学校に戻っていくのがつらい、と身をよじって泣き出すほどに、わたしを愛してくれました。

母はいつもわたしを見守り、わたしの怒りや涙を止めることもなく、しかることもなく、わたしを全面的に尊重してくれたのです。だからわたしは、一人暮らしをするために家を出ることができたのです。たくさんの愛をもらえたから、もう母がそばにいなくても、社会と渡りあっていける確信ができたのです。

もちろん、母のそういう愛情を忘れたことはありません。いままで何度もくりかえし思い出したし、セッションで何度も話しては泣きました。でもこのときに違っていたのは、それをものすごくたくさんの涙とともに見つめたこと。

母は、そうするよりしかたなかったのじゃない。いつもいつもそのときにできる、いちばんいいことをわたしにしてくれた。怒れる子をじっと抱きしめながら、全身でわたしを愛してくれた。母はからだをはって、この社会に抵抗していたのです。

そのままの母を受けとめる

ピアカウンセリングでは、どんな人でもいつもベストを尽くして生きているのだ、という考え方が基本です。

これは、あなたも同じだよ。

過去はいくら後悔しても変えられません。いまの自分を好きになるには、過去の自分のどの一瞬も、全部認めてあげることが必要なのです。

あるときは、たくさんの選択肢の中でベストの方法を選び、あるときは、つらい状況の中にもかかわらず、自分にできるベストのことをやってきたのです。母だって、そうだったのです。

それがすとんと納得できたとき、わたしは思いきり泣き、母をもう許しているのだと感じ、ほんとうに愛していると感じ、母の娘として生まれてきたことに感激しました。

いままでは、心の中で、母を叱咤《しった》激励してきました。女としての自分に縛られないで、もっと向上してほしい。意識して自分を変えていってほしい。「むりしないで」と心配ばかりしていないで、わたしのやっていることをわかってほしい。ため息ついてお茶飲んでないで、わたしといっしょに社会を変えていってほしい。

でも、母を変えようとするのじゃなく、そのままの母を受けとめて、支えていこうと思いました。

亡くなった父の仏壇の前で、お経をあげる母が「おまえもお父ちゃんにお線香あげたら」と言います。以前は、「そんな形式的なこと」と反発していました。でもいまは、お経をあげる母の背中に「うん、そのうちね」と笑顔で答えることができます。母にとって、これが幸福なひとときなのだなあ、と思います。

みんなの中には、親と小さなころに別れてしまった人もいると思う。別れてしまった親に文句も感謝も言える場を、自分にたくさんたくさんつくってあげてね。

そして、忘れないで。

あなたがこれまでベストを尽くして生きてこられたのは、どこかにあなたをほんとうに愛してくれる人が、いたからなのです。

どんな人でもみんな、抱きしめられて、この世界に生まれてきたんだよ。

11 亡くなった友人たちへ

養護学校の先輩、美佐子さん

わたしは、ほかの人と違ったことを、いろいろ体験してきました。なかでも思うのは、まだ若いころからこんなにたくさんのお葬式に出て、友人の死に出会ってきた人って、いるのかな？ってこと。

障がいをもつ人は、障がいをもたない人よりずっと命が短いようです。わたしの人生は、大切な友人に、次々とさよならを言ってきた人生だったなあ、と思います。

わたしがはじめて友人の死を体験したのは、一九歳のとき。養護学校の先輩だった美佐子さんが、脳腫瘍《のうしゅよう》で亡くなりました。二六歳でした。

わたしが小学校五年で養護学校にうつったとき、美佐子さんは高校生。養護学校というのはとても小さな世界なので、ずいぶん年上の人に「生意気だ」といじめられることもあれば、かわいがってもらうこともあります。わたしを特別かわいがってくれたのが、美佐子さんでした。

彼女の仲のよかった高校生の男の子を、わたしも好きになりました。美佐子さんが「わたしも好きなの。どうしよう、半分こしようか」と言うので、「上半身がもらいたい」と答えたら、彼女はちょっぴり笑って「わたし、下半身がいいわ」と言ったものです。小さかったわたしは、上半身なら顔があるのに、下半身なんかもらったってしようがない、と思ったけど！

そんな愉快な、すてきな彼女は、大学に行こうとしていたのに行けなくなり、同時に失恋し、ずっと年上の人と結婚しました。当時のわたしには、よくわからなかった。障がい者だからってそういう人と結婚しなきゃならないの、と思ったり、結婚しないと一人前じゃないのかなと思ったり。

ほんとうのところはわかりません。結婚してまもなく、彼女が亡くなってしまったから。

彼女は幸せだったのだろうか。もっともっと聞きたいことがいっぱいあったのに。

そのあとも、障がいをもつ友人が一人、また一人と亡くなっていきました。ほとんどの人が、長く寝つくこともなく、突然のように死んでいくのです。

施設から出た和子さん

和子さんは二九歳で亡くなりました。

彼女は、長いこと障がい者の施設に暮らしていました。作業の名目で朝から夕方まで働いて、一カ月にもらえたお金はたった二〇〇〇円。そのお金も、自分でもたせてはもらえないのです。ちょっと街に出ようと思ったら、いちいち親の許可をとらなければいけない。お金は職員に「ください」とたのまなければならない。自分のお金なのに、「いったい何に使う」と聞かれたり、職員のきげんが悪いと「むだ遣いばかりする」と怒られるのです。施設は、規則ずくめの生活でした。彼女は少し歩けるからと、車いすを使わせてもらえませんでした。トイレに行くにもしょっちゅう転んで、はうようにしていたこともありました。

アパートで暮らしていたわたしは、「施設を出て自立しよう」と誘いました。何度も迷ったすえに、とうとう彼女は決心したけれど、今度は親が大反対。「ひどい目にあうだけだ。施設を出たらだれもおまえの面倒をみてくれない」と言うのです。

二年かかって、二人で親を説得しました。

アパートを借り、介助者とともに新しい生活がはじまりました。「自分で生きるって、こういうことなんだ！」「つらいこともあるけど、楽しい！」と生き生きしていたのに、二年後にちょっとした風邪をこじらせて、亡くなりました。

たった二年の自由な生活。悲しみよりも何よりも、くやしい気持ちでいっぱいになりました。

心で通じあった栄子さん

知的障がいをもつ栄子さんは、二八歳で亡くなりました。

さかさまつげで、目やにだらけの目をしていました。はじめて会ったとき、「どうしよう、汚いなんて思っちゃいけないのに」と、心の中でもんもんとしました。でもすぐに仲よくなって、月に一、二度は彼女の家に行くようになりました。わたしのことを「ジーコ」と呼びました。「ジーコ、ジーコ、パチパチパチ」とすごく歓迎してくれたのです。

彼女をわたしの実家に招待したときは、ちょっぴり不安でした。わたしの両親は、からだの不自由な友人は受け入れてくれるけど、知的障がいの彼女に失礼なことをしないだろうか。でも、栄子さんのゆっくりしたペースにつきあうわたしに驚きながら、家族同様にもてなしてくれました。わたしは、にこにこと楽しそうな彼女を見ながら、「わたしの大切なお友だち」と誇らしい気持ちでいっぱいでした。

栄子さんが急に肺炎で亡くなったという電話がきたとき、大声で泣きました。あんまり悲しくて、茫然としてしまいました。

栄子さんとは言葉で話したことがほとんどなかった。だからこそ、心だけでつきあって、心だけで通じあった友だちだったんだと思います。みんなと手をつなぎたい、わたしたちってどんな人にもやさしい気持ちになりたいんだよ。そう、彼女が言っている。天国から、「ジーコ、ジーコ、パチパチパチ」とわたしに拍手を送ってくれている気がするのです。

メガネの栗原さん

車いすで、視覚障がいのある栗原さんは、三六歳で亡くなりました。恋人と二人で暮らしはじめた矢先のことでした。

ぶあついメガネをかけた彼女は、視覚障がいがどんどん進行していて、当時は完全に失明する寸前でした。「好きな人の顔を見ていられるのも、あと少し」と笑い泣きしながら、親を説得し、恋人を励まし、新しい生活に踏み出したのです。

その日は、友人たちと彼女の家を訪ねることにしていました。前の晩に、電話で心細い声を出していたので、なんだか心配になったのです。途中で電話をかけて「何か買っていこうか?」と聞こうとしたら、電話に出たのは彼女ではなく、近所の人でした。「急にぐあいが悪くなって、たったいま、救急車で運んでもらったところだよ」と言うのです。

わたしたちは急いで病院に向かいました。でも彼女はもう、亡くなっていました。涙も出なかった。みんな言葉も失って、ただただ立ちすくんでいました。何十年もたったいまでも、あんなに急にいなくなってしまったことが信じられない。

彼女がわたしに残してくれたのは、やさしくてたくましい気持ちをうたった短歌の数々です。いまも本棚にある彼女の本が、わたしを励ましてくれます。

彼女がわたしにおしえてくれたのは、自分の人生の可能性は自分で切り開いていくものだということ。やりたいことをやっていいし、やりたいことはきっとできる。それでも、早すぎる彼女の死を思うと、「急がなくちゃ」とあせってしまうのも事実です。

みんなの贈りもの

わたしには、あとどれだけの時間が残されているのだろう。

目をつぶると、ほかにもたくさんの顔が浮かんできます。

進行性筋ジストロフィーという病気で、からだじゅうの筋肉が弱くなって亡くなった本間くん。二一歳でした。

わたしと同じで骨が弱く、たった二回しか会っていないけど、深い思いを分かちあった柳さん。二八歳の死でした。

障がいをもたない友人たちの顔も、浮かびます。

中学のとき、迎えを待ちあぐねたわたしをおぶって帰ってくれた根本くん。いじめっ子だったけど、あのときはすごくうれしかったよ。二〇代で、病気で亡くなったそうです。

若かったわたしをかわいがってくれた、足ながおじさんみたいなYさん。白血病で亡くなりました。わたしがアメリカに留学したときは、彼からの手紙でたんすの大きな引き出しがあふれるくらい。文章を書くことの楽しさをわたしにおしえてくれたのは彼です。もしいまも生きていたら、わたしの本が何冊も出版されたのを、どんなによろこんでくれるでしょう。

気取らない性格のバーネット。ある日、わたしの部屋に入ってくるとズボンを脱いで、下着も脱いで、からだじゅうあちこちにできている紫色の斑点《はんてん》を見せました。「これ、どうしたんだろう」「変だねえ」と話しました。やはり白血病でした。わたしも彼女を抱きしめて泣きました。彼女はニュージーランドに帰り、そのあとに亡くなりました。

大切な人の死って、どういうことだろう。

どんなに会いたいと思っても、心の中でしか、会えないこと。

その人の新しい表情を、二度と見られないこと。

新しい声を、二度と聞けないこと。

でも、その人がどんなに大切かを思い出したいときは、心ゆくまで思い出せること。だって、これから二人の関係がどうなるかなんて、不安になる必要はないのだから。その人は、ずうっと大切な人のままでいてくれるのです。

みんなが、わたしにたくさんのことを伝えてくれた。わたしが、自分のことを大好きだと言えるように、支えてくれた。

わたしはいま、みんながおいていってくれた贈りものを、一人でも多くの人と分かちあうために、世界中を駆け回っているのです。

114

12 「性」ってなに？

あたたかい思い出とこわい体験

「性」と言ったら、あなたは何を思い浮かべますか？　男女？　セックス？　男性の性器や女性の性器？　赤ちゃんを産むこと？　なんだかはずかしいこと？　人前で話してはいけないこと？　いやらしいこと？　こわいこと？　知ってみたくてわくわくすること？　すてきな恋愛？

こういういろんな感じをぜんぶまとめて、セクシュアリティと言っておくことにします。セクシュアリティは、人間そのものと言ってもいいくらい。楽しいこと、悲しいこと、不思議なこと、不安、快感、苦痛、出会い、別れ……そのほか数えきれないくらいのことにいろどられた物語です。

わたしにとっての物語を、話してみます。

最初に浮かぶのは、兄とお風呂に入ったこと。小さいときはしょっちゅういっしょに入っていたと思うけど、久しぶりに「いっしょに入ろうか」と誘われたのは、わたしが小学校四年のときでした。兄は中学一年でした。うれしくて「うんうん」とついていったら、お風呂場で兄は得意そうに指さします。「これ見てみろ」。

兄のおちんちんのまわりに、毛がはえていたのです。

「うわー、よかったね」とわたしはパチパチ拍手しました。けんかばかりしていた二人だったけど、ほんとうはすごく仲よしだったんだなあ、と思い出します。

このとき感じた「性」は、すごくあったかいものでした。

でも、こわい体験もしました。あんまりこわくて、二〇歳になるまで忘れていたことです。

それは六歳のときに起こりました。母といっしょに病院のレントゲン室に入ると、いつもいっしょだった母に「出て待っているように」とレントゲン技師が言いました。レントゲン室というのは、もともとわたしにとってこわい場所でした。暗くて、はだかみたいな格好にされて、冷たいベッドに寝かされて。こっちを向けとか息を吸って止めろとか命令されるところ。

それに加えて母がいなくなってしまったので、不安でいっぱいになりました。そのとき、技師の鼻歌と口笛が聞こえて、金属の冷たい棒が足のあいだに押し込まれたのです。冷たい感触、手術でも注射でもないけどなぜかそれ以上にこわい感じ、楽しそうな技師の様子、このギャップに六歳のわたしはひどく混乱しました。

「このことはだれにも言っちゃいけない」

技師にそう言い聞かされたのか、自分でそう思ったのか、いまではおぼえていません。

「わたしがいけないからこういう目にあったんだ」

これもはっきり考えたわけじゃないけど、とにかく原因は自分にあるような気がしました。わたしがそこにいなければ、こういうことは起こらなかったんだ。だから、自分を責めました。

でもわたしは勇気をふるい起こして、この思い出をみんなと分かちあうことにしたのです。子どものころに、同じような思いをした人はたくさんいるはずだから。たぶん、みんなの中の一〇人に一人、もしかしたら五人に一人は、性に関係したことで、だれにも話せないこわい思いをしたことがあると思います。

子どもにこんなこわい思いや痛い思い、つらい思いをさせるのは「性的虐待」という犯罪なのですが、ほとんどの子どもが「自分が悪い」と思い込んだり、ほかの人に話してはいけないと考えてしまうのです。そして、心の深いところで傷として残ったり、むりやり忘れたりするのです。

わたしも、忘れたはずでした。でも「自分がいけないんだ」という思いだけは残りました。性をめぐる思いは、人間としての自分をどう感じるか、そのイメージの真ん中に、でんとあるものなのです。

性の思い出が黒々としたかげをもっていると、そのかげは「自分」という人間をいけないものにしてしまいます。

だから、子どものころにこわい思いをした人たちに、はっきり知ってほしい。

あなたはぜったいに悪くないんだよ。

あなたにそんな思いをさせた人が間違っている。

ぜったいに、あなたが自分を責めたり、はずかしいと思う必要はないんだよ。

好奇心でいっぱい

さて、わたしの思い出をつづけます。

小学校五年で養護学校に入ってから、性に対する好奇心がどんどんふくらみました。

わたしは生理が何なのかも知るチャンスがなかったので、学校にいる年上の女の子たちがナプキンやタンポンの話をしていると、何なのかなあ、とすごく知りたくてたまらず、みんなの含み笑いがうらやましくてたまらず、しつこく聞いては「ませガキ!」と言われました。

男の子がまわし読みしている雑誌に女性のはだかの写真がのっていて、驚きながらドキドキして読みました。先輩の女の子が、男の子の前では急にかわいい声になったり、しなをつくるのにあぜんとしました。

目の前で毎日起こっていることの、三分の一くらいが性に関係していました。だけど、もやもやしてよくわかりませんでした。

六歳のときと同じくらいいやな思い出は、ギプス室で胸と性器に布をかけられたことです。わたしの胸はそろそろふくらみはじめ、性器にも毛がはえてくるころでした。「そろそろ女の子だね」と言われて布をかけられたとき、男の医師たちの前ではだかで寝かされているわたしは、屈辱《くつじょく》感でいっぱいになりました。自分のからだを、いとわしいものに感じました。

それまでは、みんなの目にさらされるたびに、何も考えないようにし、感じないようにしてきました。心のない物体のふりをすることで、「こんなふうに扱われるのはいやだ」という気持ちを、おしつぶしていたのです。

それが、急に自分を意識するように追い込まれ、逃げ場がなく、ひどい混乱状態になりました。

オナニーは悪いことじゃない

次の思い出は、オナニーのこと。オナニーって知ってるかな? マスターベーションともいいますが、自分の性器やそのほかの感じるところを自分でさわって、気持ちよくすること。

わたしは一三歳で養護学校を出て、普通学校へ転校するはずが、学校側が受け入れてくれずに、つらい三カ月を家に閉じこもってすごしました。

そのとき、毎日のように、父や兄の本棚から性について書いてある本やマンガを引っぱり出して、オナニーをしました。気持ちよさにうっとりしながら、自分はすごく悪いことをしているという感じと、バカになったらどうしよう、という不安に苦しみました。

いまでは、ちゃんとわかります。オナニーをしてもバカになることはないし、ぜんぜん悪いことじゃない。たった一三歳で学ぶ権利を拒否されるという絶望的な日々を、わたしは自分のからだの快感を確かめながら、乗り切ったのです。

すごくかしこい子どもだと思いませんか？　死にたいくらい追いつめられていたって、自分のからだだけはわたしの味方で、生きたいという思いにこたえてくれたのです。

だけど、だれもそういうふうにはおしえてくれなかった。だから長いこと、ほかの人には話しちゃいけないと思っていたし、自分で自分のからだを攻撃しているみたいに勘違いしていました。わたしのからだが感じているのは、痛みじゃなくて快感だったのに。だからみんなに言うよ。さわってみて気持ちいいのは、あなたのからだが生き生きあなたにこたえている証拠。「やあ、気持ちいいね」って、自分のからだに話しかければいいんだよ。

セックスは大冒険

二〇代になったわたしは、男の人とセックスしたいと願いました。みんなはセックスってなんだと思う？

これも、セクシュアリティと同じくらい、いろんな答えがあるよね。わたしにとっては、セックスは、工夫とやさしいコミュニケーションが必要な、大冒険の時間です。

それでも、セックスすることで、小さいときのこわさや不安を次々思い出してしまうこともある。以前は、障がいのない男の人から性の対象として見られることで、障がいをもつ女性としての苦痛を忘れようとしたこともあります。

そうやって、いろんな自分の思いと向きあってきました。

セックスを通して自分のからだを知り、自分の気持ちをていねいに感じ、相手のからだや気持ちを思いやって、おたがいに工夫しあってやさしくしあって気持ちよくなるのは、すてきなことです。

こんなにすてきなことなのに、セックスのことで自分を傷つけたり、相手を傷つけたりしてしまう人がたくさんいるのは、すごく悲しい。レイプはもちろん、売春や買春（セックスの相手をお金で「売り買い」すること）、いやなセックスをがまんしたり自分がどうしてほしいか言えなかったり……。それは、間違ったことをおしえられてしまうからだよね。だからみんなは、「正しいことを知りたい」と、心から思ってほしい。

性に興味をもつのは、すごくいいことです。

みんなのところに正しい情報が届くことを、心から祈っているよ！

13 人を愛すること

自分で選ぶ

みんなが大人になるまでに、いろんな「性」の問題にぶつかると思う。キス、セックス、避妊……。

わたしがどんなことにぶつかってきたか、それをどう感じて、どうやってきたかを、書いてみます。

はじめてのキスは、二〇歳のころでした。その人は、わたしのことを好きでいてくれたのかもしれないけど、わたしがしたいと望んだキスじゃなかったから、すごくいやな気持ちになり、二度と会いたくないと思いました。

わたしたちは、人生のいろいろなときに、「どうしたいか」を自分で選ぶこともできるし、相手にまかせて選んでもらうこともできます。キスする？しない？　胸にさわっていい？　いや？　セックスする？　しない？

とくに女の子に言いたいんだけど、こういうとき、男の子がどうしたいかを選ぶことが多いよね。

だけどわたしは、相手まかせのキスでいやな思いをしてから、自分がそういういやな気持ちになるかもしれない関係は、つくらないことに決めたのです。いくら相手が自分のことを好きでいてくれても！

はじめてボーイフレンドができたのは、二二歳のとき。相手の人は一六歳でした。たくさんデートをして、キスをして、青空の下でセックスをしたこともあります。

でも、わたしたちは、いろんなことをおそれていました。

高校生と、障がいをもつ六歳年上のカップル。まわりの人はどう見るだろう。「なんてすてきな二人」「よかったね。幸せになってね」と言ってくれる？　まさか！

そんなふうに思い込んでいたから、会っているときは幸せでも、自分たちには希望がないと感じていました。

おたがいに、「好きだ」と言うのをおそれていました。

「避妊しなきゃ」と思いながら、口に出せませんでした。

これからの二人のことが考えられなかったからです。だれかがわたしたちに、「二人ともすごくすてき!」と言ってくれたら、違ったかもしれない。

彼がまだ一〇代であることや、わたしが障がいをもつことや年上であること、そんなわたしたちの愛しあう気持ちとは関係ないことが、重い重い石のようにのしかかっていたのです。口に出せない不安をおしのけるように、キスをして、セックスをしても、苦しさは止まりませんでした。

それで結局、つきあって半年後に、別れてしまいました。

話しあえない、伝えられない

みんなの中にも、好きな相手のことで苦しい思いをしている人はいますか？　もしいるのなら、二つのことを聞きたいのです。

「好きだ」という気持ちを、きちんと伝えられますか？

好きだけど「こういうふうにするのはいや」という気持ちを、きちんと伝えられますか？

わたしがとても迷ったのは、避妊のことです。避妊について相手に話すのは、「相手を好きな気持ち」と「いやな気持ち」をいっぺんに言わなければいけないので、すごくむずかしい。

こう思ったりもしました。――わたしは赤ちゃんが大好きだし、彼のことも大好き。だから避妊なんてしなくてもいい。避妊しようと言い出さないことが、好きだっていう証拠になる――。

でもじつは、心の奥底には不安がたくさんあって、「いやだ！　いやだ！」って叫んでいたのです。

赤ちゃんを産んだら、生活の何もかもが変わってしまう。そのことが、自分にとっても赤ちゃんにとっても幸せだと、ほんとうに思ってるの？　出産のとき、わたしのからだがどんなにたいへんかわかっている？　そのことを彼に話した？

彼はそれを知っていて避妊しないのかどうか、ちゃんと聞いた？

でも、最初につきあった人にも、その次につきあった人にも、言えませんでした。たくさん不安をかかえたままで、セックスをしつづけて、そのために相手のことまできらいになっていきました。

だって、片方だけが心に不安をもったままでいたら、ほんとうに楽しむことも、安心することもできないから。

それに、若い人の妊娠中絶が多いイメージがあるかもしれないけれど、若い人だけの話ではないんだよ。一〇代より中絶率が高いのは、二〇代、三〇代の女性なんだって。

結婚できる年代だったり結婚しているカップルでも、避妊のことが話しあえない。気持ちをきちんと伝えられない。そのために、女性は中絶しなければならなくなるんだよね。

そして女性のほとんどが、いやな気持ちは自分だけでため込んでいるの。

相手といっしょにいるのがいやになっても、おかしくないよね。

生きていく価値をつくる

だれでも、自分のからだは大切にしたいはずです。大切にされたいはずです。だから、男の人に言いたい。

恋人がだいじなら、避妊のことを話しあってください。

彼女が赤ちゃんのことで、苦しんだりよろこんだりする気持ちを、完全に分かちあってください。それは、あなたのためにも、彼女のためにも、赤ちゃんのためにもなることです。

「いま、赤ちゃんを産んでいい」と二人で決めているのでないかぎり、「避妊しないでセックスすること」は、彼女を愛していないことなのです。彼女が中絶を選ばなければいけないとしたら、それは彼女と赤ちゃんにとって、すさまじい暴力です。

女の人にも言いたい。

彼を愛しているからだまっていようと思わないで。結局、苦しんで、その関係をだめにしてしまいます。

二人で準備して、赤ちゃんを待つことはすてきなことです。でも、それと同じくらいすてきなことが、恋愛する二人のあいだにはたくさんつくり出せます。大切で、楽しくて、うれしくて、ときにはつらい、いろんな時間を二人で共有できるのです。

わたしもそれを、求めてきました。障がいをもつ女性が恋愛をするというのは、赤ちゃんを産むことと同じくらい、たいへんなこと。自分を包み隠さず表現して、相手をしっかり受けとめることは、だれにとってもすごいチャレンジのはず。

「好き」ということをいっぱい表現したいとき、あなたならどうする？

「背が高いから好き」「スポーツができるから好き」とは、わたしは言いたくなかった。だって「車いすに乗ってるからきらい」ということの裏返しみたいでしょう。

わたしは、一人一人のからだはみんなそれぞれ違っていいし、違ってるからすてきなんだと思ってる。

それなら、どうしてこの人が特別だいじで、特別好きなの？　この気持ちを、どう伝えたらいいの？　そうやって悩んだぶん、わたしはかしこくなったと思う。

その人をまるごと認めること。心から愛を伝えること。それをちゃんとやっていけばいくほど、「いやだ」と思うことも相手を傷つけずに、まっすぐ伝えられるはずだと思う。二人のあいだで、新しい「生きていく価値」が生まれるのだと思う。

このことがわかったのは、四年間つきあった恋人との関係からでした。

避妊のこと、生理痛の苦しさ、障がいをもつことのしんどさ、何もかも話しました。彼もそれを受けとめて、少しずつ変わっていきました。どんな人も生き生きと暮らせるような社会をつくるために行動してほしいと、わたしは彼に願いました。

でも彼は、ほかの女性に恋をしました。わたしはそのことに気づいて、「一人では生きられない」という不安で苦しみました。

その不安と恐怖は、じつはずっと前からあったのですが、心の底にじっと隠れていたのです。

障がい者だから、だれかがそばにいてくれないと生きられない……手術室に一人でおきざりにされたらどうしよう……。

不安にちゃんとさよならをするために、わたしは別れを選びました。

元気になるまで、何カ月も泣きました。

「わたしは一人で生きられる」「一人でいたって、すごくすてきなわたしだ」と自分に言いつづけました。

そして、一人でも生きられるけど、いつだってひとりぼっちではないのだと気づきました。

恋愛していなくても、たくさんの人を愛して、たくさんの人に愛されている。そんな大切なことに気づいていったのです。

14 宇宙がやってきた！

まさかの妊娠

前の恋人と別れて三年。そのあいだ、恋人はつくりませんでした。結婚はもううんざり。大好きな友だちやおいっ子と暮らし、どんどん自分が好きになっていました。

そんなときに出会ったのがタケさん。のちに娘のお父さんになった人です。

はじめて会ったとき、なんて目のきれいな人だろう、と思いました。彼は、わたしの本を読んで、「車いすを使っている人が、自分自身を好きだなんて」とおどろいて、会いに来てくれたのです。「車いすを押してほしいんだけど」

とたのんだら、すぐに「いいよ」と答えてくれました。

子どもが大好きなタケさん。「子どもは産めないかも」とわたしが言うと、「だったら、子どもをもらって育ててみようよ」と話したり。

海外に、国内にと忙しく動き回っているときでした。家に戻って一息ついても、疲れ方がいつもと違う。ふと思いついて、好奇心から買ってあった妊娠検査薬をためしてみました。ちょうどその二カ月ほど前、いままでいちばんすてきなセックスをしていたことも、思い出しました。

とはいえ、自分は妊娠しないと思い込んでいたわたし。検査したこともすっかり忘れていました。二、三時間後、トイレに入って置いてあった薬に気づいて見ると、陽性のサインが！

こわくて足が、がくがくふるえてきました。

みんなには、ちょっと想像できないかもしれない。

わたしは医者から「そんな小さなからだで、赤ちゃんはできない」と言われていました。たとえ妊娠したとしても、わたしの骨は弱い。おなかの子の成長に、そして出産に、からだが耐えられる？　不安はどんどん大きくなりました。

産むんでしょう？

それまでの病院には、痛くてつらい思い出しかありません。わたしのからだを「そのままでいいんだよ」と言ってくれた医師は、日本ではだれ一人、いませんでした。看護師も、ただ「かわいそうに」と言うだけ。

さらに妊娠となれば、障がいをもつ友人たちもほとんどみんな、たくさん傷つけられていたのです。

「おめでとうございます」って言ってもらえるはずなのに、よくて「どうしますか？」の一言。「産みます」と答えても、「育てるのはむりじゃない？」とか、「家族に迷惑になるよ」とか。次々に、ひどいことを言われてきた仲間たち。

でも、そのときの医師、桑江さんは、そんなことは一言も言わなかった。「安積さん、産むでしょう？」とさわやかに言い、わたしもその言葉にうれしくて「はい！」と答えました。

出産や子育てがたいへんな社会。まして、わたしのように車いすを使っていたら、もっともっとたいへんなことばかり、と思うよね。

わたしはそうした人々からの、はげしい差別や偏見と、たたかいつづけてきた。たくさん涙も流してきた。でもいま、生まれてきてよかった、と思える自分になったこのときに、新しいいのちをさずかることになったのです。

おなかの子には、「生まれてきてくれてありがとう、という声しか聞かせないからね！」と決心しました。

骨が弱くて、女の子

この子は自分と同じように骨が弱くて、女の子。そしてわたしの同志。その直感どおり、やってきたのは娘でした。

タケさん、ルームメイトの親友、いつもわたしを応援してくれる妹。そしてはじめは反対していた彼のお母さん。ほかにもたくさんの人の歓声をあびて、誕生した娘。

名前は、宇宙《うみ》と決めました。妊娠しないと思い込んでいたわたしのからだにやってきた、新しいいのち。文字通り、宇宙《うちゅう》にも、人間の可能性にも果てがない、という思いを込めて。

二〇人くらいの友人たちがかけつけてくれた、一歳の誕生日。誕生日ケーキを用意して、さあバースデーソングというとき、宇宙が火のついたろうそくに手を伸ばそうとしました。「危ない！」まわりの大人たちに邪魔された宇宙は、怒って大泣き。

わたしは「宇宙ちゃん、ごめんね」と言って、怒る彼女の代わりに、火をひと吹き。そのとき友人の一人が「遊歩、お母さん一年生おめでとう」と言ってくれました。

お母さん一年生のわたしからも、宇宙への言葉を贈りました。

「宇宙は宇宙の大切な人生だよ。自由に好きなようにしてね。宇宙がやりたいことは、何でも応援するからね」

宇宙をがっかりさせたくない

宇宙が三歳のとき、家族で結婚式に招かれました。彼女は「行く行く！」とおおよろこび。でも結婚で傷ついたわたしは、行きたくない。その理由をうまく伝えられなくて、宇宙はがっかり。わたしも悲しくなってしまって、「次は必ず行くね」と約束しました。

次の結婚式の招待が届きました。ところが、「二台の車いすで来られたら困る。宇宙ちゃんだけにして」と言われたのです。心の中は、悲しみと怒りで嵐のよう。でも口では冷静に、「わかりました。家族三人で必ずうかがいます」と答えたのです。相手の人はあきれたようす。わたしはひたすら、宇宙をがっかりさせたくない、という一心でした。

当日は、どきどきしながら、結婚式場へ。わたしの席はあるのかな、無視されたらどうしよう……。

ところが入った瞬間、「失礼なことを言ってしまいました」と小さな声が聞こえたのです。すぐに心おだやかにはなれなかったけれど、宇宙の楽しそうなようすを見て、いっしょに来てよかった、としみじみ思えました。

また、あるときの結婚式。スピーチをたのまれたのは一三歳の宇宙でした。新婦さんは、わたしと宇宙とまったく同じからだの特徴。飾りつけしたスーパーマーケットのカートに乗って、新郎がカートを押して登場すると、会場はわれんばかりの大拍手。いたるところに工夫がこらされた、ほんとうにすてきな結婚式でした。

でも残念だったことも。新郎の家族がだれも出席しなかったこと。車いすの女性はお嫁さんと認めないってこと？　骨が弱かったら結婚式もやっちゃいけないわけ？　いろいろな思いがぐるぐるする中、宇宙のスピーチの番がきました。彼女には、わたしのそんな気持ちも伝わっていたと思います。でもそれに引きずられることなく、堂々として、心のこもったスピーチを新郎新婦に贈りました。

それを聞きながら、宇宙が行きたいという場所には、いつでもどこでもいっしょに行こう、とさらに決意したのです。

そして宇宙には、ほんとうのことを、言いつづけてきました。

どんなことかって？

「あなたの考えってなんてすてき」「ほんとうにかしこいよね」「わたしのところに来てくれてありがとう」。

もちろん、生まれてすぐからも、「うれし子ちゃん、かわい子ちゃん、かしこ子ちゃんのすてきっ子ちゃん」と、いつも話しかけてきました。

愛されて、十分に肯定されることが、ほんとうに大切。そうすれば、自分で育っていく力が、どんどん引き出されます。

そして、行きたいところに行くことも。見たい、知りたいという気持ちをだいじに、宇宙のしたいことは、何でも歓迎しました。

だから宇宙は、冒険心のかたまりです。一五歳で、手動の車いすを使い、一人でアメリカに行きました。一八歳のときには、四カ月のデンマーク留学とヨーロッパ旅行も一人で達成。一人で行動しながらも、行く先々の友だちや、見知らぬまわりの人にどんどん助けを求めます。

世界中を家族にしたいと思っているのかもしれません。

コンビニがなくても

わたしの母は、いつもオープンマインド。近所の人に、しょうゆやお米をよく「借りに」行っていました。

いまは二四時間コンビニに行けば、たいていのものは買える世の中。食べるものを「借りる」ってどういうことか、わからない人もいるかもしれない。

おみそ汁をつくろうとしておみそがなかったら、母は「コップに半分、おみそを借りてきて」と兄にたのみ、あと一合、お米が足りないというときも、隣の家に走っていきました。近所にお店がなくたって、みんなで助けあって生きていた時代のこと。

だから宇宙にも、わたしが育ったような環境をつくってあげたかった。

でも時代は変わりました。人と会ったら声をかけあうのは、もうあたりまえじゃない。

そこで、わたしの友人たちといっしょに暮らそう、とシェアハウスをつくりました。

わたしは抱っこやおんぶもできないし、仕事で家にいないことも多かった。だからシェアハウスは、宇宙が中心。宇宙が怒っても泣いても、一時間でも二時間でも、だれかが彼女のそばにいてくれたのです。宇宙が大きくなって、「遊歩は四番目のお母さん」と言われたこともあるくらい。

親子三人だけはさびしい！

たまに、晩ごはんが親子三人だけの日。「さびしい！　だれかを呼んで！」と宇宙はせがみます。三人で、友人宅の夕食に出かけたことも。

宇宙が小学生になったころ、介助者でもあった友だちが、双子を出産。そのうちの一人は、脳性まひでした。双子のお父さんが夜遅くまで仕事だったので、彼女たちはよく食事にやって来たのです。

宇宙もルームメイトも、双子が来るのがうれしそう。介助の人がごはんをつくれば、宇宙も新聞紙を食卓まわりにしいたり。だれかが双子とお風呂に入ったり。食卓のまわりで、助けあいが広がっていきました。

障がいをもつ子も、もたない子も、子どもはだれもみんなの笑顔を自然に引き出してくれるよね。

わたしたち家族には、海外の友だちも多かった。宇宙を産んだばかりのわたしを手伝おうと、家にはいろんな人が、入れかわり立ちかわり。宇宙は小さいときから、さまざまな人、さまざまな言葉にかこまれて育ったのです。

フィリピンの女友だちと、わたしのふるさと福島に行ったこともあります。はじめは言葉が通じないとふきげんだった宇宙。でも雪におどろきながら、自分といっしょうけんめい遊ぼうとする友だちと、たちまち仲よくなりました。

わたしが小さかったころ、福島のお正月には、必ずもちつきをしました。じいちゃんがきねとうすでついたおもちを、みんなでふうふう冷ましながら丸めたものです。宇宙が生まれたころには、どの家も、もちつき器に代わっていたけど、宇宙とフィリピンの友だちは、目をきらきらさせていました。

しょうゆ、納豆、あんころもち。つきあがったもちをそのまま食べるのもおいしいもの。にぎやかな、おおみそかの食卓でした。

たくさんの人とおしゃべりしながら食べる中に、おたがいの思いやりが生まれます。

さまざまな人と食卓を囲めば、おたがいに無関心ではいられなくなります。そして、その食卓には愛しかなくなる。これが、わたしの実感です。

宇宙からのSOS

小学校二年生で、宇宙は学校には行かない、と決めました。

幼稚園に行っていなかった宇宙は、学校をすごく楽しみにしていたのに。入学して一週間くらいは、介助者といっしょに楽しそうでした。

一カ月もたたないころ、「遊歩、学校に来て車いすのことをみんなに話して」と言いました。「なんで車いすに乗ってるの?」「骨折ってなに?」と、宇宙は毎日、質問ぜめにあっていたのです。

わたしは学校にかけあって、授業の枠を一コマもらいました。一学年三クラスあったので一クラス一五分ずつ、まずわたしから、子どもたちに質問しました。

わたし「宇宙ちゃんと遊歩はなぜ小さいでしょう?」

子どもたち「骨が弱いから!」

わたし「どうして車いすに乗ってるでしょう?」

子どもたち「骨が折れちゃうから!」

ここまではみんな、宇宙から聞いていました。

「そうだよね、みんな骨が折れたことありますか?」と聞くと「ないない!」とおおさわぎ。

「骨が折れたらとっても痛いんだよ。車いすに乗っていれば足の骨は折れません。これから宇宙は、骨折しないようにずっと車いすで学校に来ます」

「遊歩もときどき電動車いすでみんなに会いに来ます。でもいっぺんに集まってくると足をひきそうです。気をつけてね」とみんなに伝えました。

学校に行くのをやめる

「行きたくない」

四、五カ月ほどたったころ、ついに宇宙が言ってきました。

「なぜ行きたくないの?」と聞くと、「先生が算数の時間に、手の指で足し算をしちゃいけないって言うの」。手の指ではなくて、算数セットのタイルを使いなさい、と言われたのです。

わたしはすぐに先生のところへ行き、「娘には、からだにある便利なものはなんでも使っていいと言ってあります。手の指、足の指、落ちている髪の毛、なんでも使っていいと言ってください。でないと学校へ行きたくないと言っています」と伝えました。よい先生で、おどろきながらも「わかりました、そうします」とのこと。

二回目の「行きたくない」は、二年生になったばかりのころ。漢字が書けた人から席を立って並ぶ、という授業でした。宇宙はゆっくりペースの人。列をつくった人から見下ろされて「宇宙ちゃんまだできていないね」と言われて、すごくいやだったのです。

わたしはまたすぐに学校へ行き、早くできた順に列をつくらせることの意味を聞きました。先生は「あんまり考えていなかった」と、すぐにやめてくれました。

二学期がはじまると宇宙は毎晩、はだかで寝るようになりました。そして翌朝、熱を測るのです。

「熱を出すためにはだかで寝ているの？」と聞くと「そう」と答えます。「つまり学校へ行きたくないんだね？」と言うと、ほっとしたように「うん」とうなずきました。

それからすぐに、タケさんがやっていたフリースクールへ通うことにしました。学校の友だちと会えなくなるのは、わたしにとってはさびしいことでした。でもフリースクールの子どもたちや、介助の若い友人たちと、宇宙はさらに仲よくなっていきました。

行く？　行かない？

中学校へは、制服がかわいいからまた行く、と通い出した宇宙。わたしのときは、母におぶわれて小学校に通いました。中学校は、父やおばが車で送り迎え。そのころは、介助はぜんぶ家族がやることだったのです。

わたしは、それをやめにしたいと強く思いました。家族だけがつらくなるなんておかしい。家族以外で助けあうことだって、できるんだから。

宇宙には小学校の二年間はずっと、介助者がいつもついていました。中学校では移動するときだけとなったけど。それにはもちろん、教育委員会との話しあいが必要でした。ただ、家族だけにたよらなくても、宇宙は、車いすで学校に行けたのです。

でもね。いまの学校は、障がいをもつ子、もたない子を分けるのが基本。子どもたちが分けられる中で生まれるのは、差別です。小学二年で宇宙がそこへ行かないと決めたのは、ある意味正しい決断だったのかな、と思っています。


学校に行きたくないと悩んでいるあなたへ。

学校に行かないと、将来たいへんなことになるとみんな思わされているよね。でもテストの点数は、あなたの人生とはまったく関係ないんだよ。あなたはなにに興味がある？　なにをしたいと思ってる？　かけがえのない子ども時代の一瞬一瞬を、楽しんで生きてほしい。

大人たちに伝えてみよう。「いまは学校へ行くと、幸せな気持ちになれないんだ」って。その気持ちは正しいよ。あなたの心とからだがそう感じているんだから。そう感じる理由を、あなたは知っているんだから。

「不登校新聞」という、不登校の人たちでつくっている新聞があります。それを取りよせて読んでみるのもいいよね。学校へ行きたくないと思っている子は、あなただけではないってことがわかるから。

いちばんだいじなことは、あなたに生きていてほしいと思っている大人が、たくさんいること。それを、知っていてほしい。

学校へ行きたくないと思っている自分をぜったいに責めないで。まわりを見渡してみて。必ず味方はいるはず。どうしても見つからなかったら、わたしや宇宙に手紙を書いてもいいんだよ。

わたしは自殺未遂を何度もくりかえしたけれど、いまはほんとうに死ななくてよかったと思っています。

あなたにも、必ずそう思える日がくるから、手をつなごうね。

15 タケさんとの日々

「宇宙のここがかわいい」

宇宙がわたしのおなかにやってきたとき、タケさんは大学生。就職活動をしなくちゃとあせっていました。でも彼は会社に就職するのはやめて、障がいをもつわたしの仲間の介助の仕事をはじめました。

宇宙を帝王切開で産んだわたしに、つきそってくれたタケさん。出産後、保育器にいる宇宙に、すぐに会えないわたしはさびしくてたまりません。でも、スマホもデジカメもない時代。そこで絵の得意なタケさんは、毎日保育器のそばで宇宙のようすをスケッチして、わたしに見せてくれました。

宇宙の絵はどんどんたまって、ついには絵日記に。一日一枚なんてものじゃなく、朝昼晩、描いていたこともあるくらい。生まれた日から二歳まで、二一冊のシリーズになりました。その『宇宙日記』はいまでも、わたしたちの大切な宝もの。

タケさんは本を読んだり、アドリブでお話をつくるのも大得意。宇宙が赤ちゃんのときから、すやすや眠っているときも、枕元でずっと話を聞かせていました。

ある夜、ふたりで宇宙に紙芝居を読みました。宮沢賢治の『なめとこ山の熊』。タケさんもわたしも、さいごの場面で涙があふれて読みつづけられないくらい。わたしにとって、泣くことは、とてもすてきでだいじなこと。タケさんの、そんなやわらかな感性が大好きでした。

あるときタケさんのお母さんが、宇宙の足首を見て「この足が問題よね」と言いました。宇宙の足首は、ちょっと曲がっていたのです。その言葉に、わたしは心が凍りそうでした。ところがタケさんは、お母さんの言葉もどこふく風というように、「宇宙ちゃんのここがかわいいんだよね」と、宇宙の足をいとおしげになでたのです。

彼の言いかたはあまりに自然。宇宙はそのままで一〇〇パーセントかわいいんだ！　というその気持ちが、部屋じゅうにどんどん広がっていったようでした。

障がいをもつ子を、かわいいと思う気持ちだけで受けとめられる人がいる……わたしの凍りそうだった心に、思いっきり春風が吹いてきました。

宇宙に決して北風を吹かせることのないお父さんでよかった。「ありのままのあなたがいい」というタケさんからの最高の言葉。それは、宇宙だけでなくわたしへのメッセージにも聞こえたのです。

聞いてくれる人

タケさんは、わたしより一六歳年下。二三歳の若いお父さんでした。

わたしが仕事で遠出するときは、タケさんと宇宙はお留守番。タケさんは、宇宙をよろこばせたくて、いっしょうけんめい遊んでいました。

わたしの父は、仕事が忙しかった。いっしょにいるときはだいたいお酒を飲んでいて、楽しく遊んだ思い出はまったくありません。でもタケさんと宇宙は、いつもいっしょ。ときに兄妹のようでした。

タケさんは遊ぶときも、宇宙のできることやしたいことを力いっぱい助けました。いつもハラハラしていたけれど、タケさんみたいに遊んでくれるお父さんだったらよかったな、なんて思ったことも。

子どもは、遊びの中から多くを学びます。あぶないからってあれもダメ、これもダメって言われると、次にチャレンジしたいという気持ちもなくなっちゃうよね。小さなころに遊びを制限されなかったからこそ、冒険心にみちたいまの宇宙がいる。それは、タケさんとの遊びのおかげです。

タケさんは、わたしのこともたくさん尊重してくれました。小さいころ、骨折をくりかえした宇宙。それでも手術はいらない、とがんばるわたしの意見を、よくよく聞いてくれました。それはほんとうにうれしかった。

宇宙のレントゲン室につきそうのも、タケさんでした。わたしが小さかったとき、そこでたくさん苦しい思いをしたのを知っていたから。

タケさんは、宇宙のことはもちろん、病院がきらいなわたしのことも、とても大切にしてくれた。わたしの母は、レントゲン室がわたしにとってどんなにこわい場所か、わかってくれていた。けれど、母は外で待っていなければならなかった。でもいまは、宇宙のそばに、こわがらない、楽しそうなタケさんがついていてくれる。「レントゲン室もかわいかったよ、折紙のかわいいお花がいっぱい貼ってあったしね」と、にこにこ話すタケさん。わたしがどんなにほっとしたことか。

宇宙が骨折を心配しないで遊べたらいいな、と思ったわたしは、宇宙が一二歳のとき、手術をすすめました。あんなに手術はいやだと言っていたのにね。でも一度、その手術をしたら、骨折が少なくなるかもしれないと思って、心がゆらいだのでした。

宇宙に話すと、とまどいながらも「いいよ」という返事。タケさんも驚いていたけど手術にそなえて早速、新車を買いました。場所は、長野の子ども病院に決めました。

病院に通っていたときのこと。宇宙が「お医者さんがだまってからだにさわってくるのがいやだから、やめさせて」と言うのです。「自分で言ってよ」とわたしが言うと、「それは大人の仕事でしょ。親が言ったほうが効き目があるの」って。

タケさんは、小さなころから宇宙の気持ちをだまってよく聞いていました。

とくに宇宙が骨折したときは、抱っこするにも「宇宙ちゃん、痛くない？」とか「これでいい？」とか。着替えをするにもていねいに聞いて、なんでも宇宙の言うとおりに。

そんなふうにタケさんが宇宙に向きあっていたから、宇宙は自分のからだについてしっかり考え、上手に伝えることができる人になったんだよね。

ところで結局、手術はキャンセル。予定日の三日前、わたしは宇宙に、最後の決断を確かめました。返ってきたのは猛反撃。「手術推進派の過激派ババア」と叫ばれました。もちろんタケさんも、宇宙の本心に賛成。子どもが痛くて苦しむ姿は見たくないよね。宇宙のおかげでわたしたちふたりとも、そこへ立ち返ることができました。

タケさんの夢

学校の先生になろうと思っていたタケさんは、夢を実現しました。それまで地域の友人たちと共同保育をしていた延長で、フリースクールをはじめたのです。週に二回、地域の公民館や集会所、ときどきわたしたちの家が、学校でした。宇宙も地域の小学校へ行くのをやめてからは、そこへ通いました。

タケさんのフリースクールは、ほんとうに自由。彼は、楽しいことをつくり出す力を、子どもたち自身がもっていることを信じていました。わたしもときどきあそびに行って、みんなとゲームをしたり、ごはんをつくったり。家の前の空き地でうどんを食べたこともあったっけ。わたしは小さいころ、ギプスに閉じこめられて寝たきりの日々だった。だからそこで、小さいときにしたかった遊びを取り戻している気分でした。

やがて、通っていた子どもたちが大きくなって、そこを卒業していきました。

宇宙も地域の中学校へ行くようになって、タケさんはフリースクールをやめました。その後は得意なコンピューターの仕事をしたり、イラストを描いたり。新しいことをはじめたころ、東日本大震災が起こり、福島の原子力発電所が爆発したのです。

福島は、わたしのだいじなふるさと。小さいころ転勤が多かったタケさんにとっても、第二のふるさとでした。

原発の爆発は、日本の人の、とりわけ福島の人の人生を大きく変えました。

わたしたちも、そうでした。あの爆発がなかったら、わたしたちはずっといっしょにいたかもしれない。

いまわたしとタケさんは、すっかり別々に暮らしています。原発の爆発は、いまでもまだまだつらいこと。それでも、わたしたちは正直に生きようとしました。わたしは北海道に。宇宙はニュージーランドの大学に。そしてタケさんは、東京に暮らしています。

タケさんは、宇宙がほんとうに大好き。心の底から、宇宙のからだのぜんぶをいいなと思っていました。宇宙が赤ちゃんのときは、抱っこしながらダンスをしたり、宇宙のからだのどんなところも絵に描いたり。いつも宝もののように大切にして、いっしょに幸せになろうとしてきました。そんな彼のすがたを見つづけて、わたしの心の奥底に残りかすのようにあった、自分がきらいという最後の思いも、溶けていったのです。

タケさんとの日々は、家族とは何かを問いつづけた日々。そして、障がいをもたない人と、もつ人がともに生きるとはどういうことか、それにチャレンジし、冒険しつづけた日々でした。ふたりで宇宙をいっしょに育てる中で、たくさんの、おたがいの違いと同じを味わいました。

いつも恋人がいなけりゃ幸せになれないと思っていたわたし。でもいまはちがいます。遠くにいるだれかを求めるのではなく、近くにいてくれる人たちのあいだに、くつろいだ関係をつくることができる。

目の前に、ほんとうにいとしい人がいなくても。タケさんが、宇宙が、遠いところにいても、彼らもしっかり生きている。それを知っていることのよろこび。いとしい人たちにかこまれながら、おだやかに日常を送ることができていいます。

こんなやすらぎにみちた日々をくれたタケさんに、心から感謝していいます。ありがとう、タケさん。

16 むずかしい話はだめ？

政治とセックスはタブー

宇宙が中学生になってから、わたしにもお母さんの友だち、いままでいうママ友ができました。そのママ友があるとき、「子どもたちの前で、政治とセックスの話はしないのよ」と自慢げに言ったのです。

わたしはものすごくびっくり。

だって、わたしの家では、政治と性の話ばかりしていたから。

三八歳のときわたしは、エジプトのカイロで開かれた国際人口開発会議に出席しました。

なぜかって？　一〇代のときに知った優生保護法という法律が、とてもこわかったから。優生保護法には、二つの目的がありました。

一つは、女性が産む産まないを自分で決める権利を保障すること。もう一つが、障がいをもつ人が子どもを産まないように、強制不妊手術をすること。この二つ目を聞いて、「あなたは優生じゃないんだよ」と言われている気がした。だから、ずっとそれを変えたいと思ってきた。

障がい者運動の仲間たちは、優生保護法の反対運動をがんばっていました。でも、声をあげているのは男の人ばかり。わたしも言いたい！　言わなきゃ！　とだんだん思うようになったんだよね。

そして、障がいをもたない女性の仲間たちに出会って、「いっしょにカイロに行こう」と誘われました。障がいをもたない女性たちにも、自分の子どもをいい子、悪い子と決められるのはおかしい、と思った人がいて、わたしに声をかけてくれたのです。

障がいをもっていたら、子どもを産んじゃだめ。本人がするよ、と言っていないのに、子どもができないように手術されてしまった。中には、「非行少年」だからと病気あつかいされて、その手術をされた人もいます。もしあなたが、そんな手術をされたらどうだろう？

わたしはその法律を変えたくて変えたくて、カイロへ行くことにしました。

仲間の声を伝える

国際会議では、世界中の人が集まって、決められたテーマで話しあいます。そしてさまざまに情報交換して、知恵を集めて新しい提案をします。

世界中から二〇〇〇人が集まっていました。テーブルを囲み、一つ一つの小さなグループが、それぞれの言いたいことを訴えます。一〇分や二〇分ずつ、自分たちの問題をスピーチする時間もありました。

いよいよわたしの番。頭の中に、たくさんの仲間が並び、わたしを応援してくれた。わたしの声は彼らの声。そう心に決めて、手術された仲間たちの悲しみやつらさを世界に届けたのです。

スピーチが終わったあと、日本を含めたたくさんの国の新聞記者たちがかけよってきました。その人たちにもしっかりと、訴えることができたのです。

次の日、「子宮をとられた女性が世界に訴える」という内容の記事が、地元の新聞の一面に載りました。わたしは手術を受けていないんだけれど……。

会議に来ていた日本の外務大臣にも会いました。「優生保護法って知ってますか？」と聞いたら、「知らないな」と言われてびっくりがっかり。でも「ぜひ読んで、この法律をなくしてください」と言ったら、「わかった」と言ってくれました。

その二年後、宇宙の誕生した年に、優生保護法から「優生」の部分がとりのぞかれました。強制不妊手術の項目も、消えたのです。

エレベーターがなかったら

エレベーターがあるのはあたりまえって思ってる?

わたしが車いすで街に出はじめた四〇年前、駅にエレベーターは、ほとんどありませんでした。それでもわたしは、福島にいたときは週に三、四回。東京に行ってからは週に一〇回以上は、いろんな駅を使いました。

エレベーターがなかったらどうするのって?

「乗りたいでーす」「手を貸してくださーい」って、階段の前で、たくさんたのむのです。みんなも年をとったら車いすを使うんだよ、おたがいさまなんだよ、という気持ちをこめて呼びかけたら、ほとんどの人が手を貸してくれるもの。

障がいをもつ仲間たちと、鉄道会社や運輸省(いまの国土交通省)との交渉も、つづけました。

そうして二〇〇〇年になって、交通バリアフリー法ができました。一日五〇〇〇人以上の乗降客のある駅には、エレベーターがつけられることに。その費用は、国と駅のある地方自治体と鉄道会社が、それぞれ出すことになりました。

わたしは自分が生きているあいだに、こんなにエレベーターができるなんて、正直、おどろきでした。

政治の力の大きさも、思い知りました。法律をつくり、お金の使い方を決める。それが政治です。

最近では小さな駅でも、エレベーターが少しずつできています。

エレベーターを使うのは、車いすに乗っている人だけではないよね？　お年寄りやベビーカー、大きな荷物の旅行者。いろんな人々が、これは便利と使っています。つまり政治は、みんなが居心地よく暮らすためにあるもの。自分とは関係ないって思う人が多いかもしれない。でも政治は、一部の人のものではないんだよ。

宇宙ともよく、政治の話をします。政治がよくなれば、社会の中にあるさまざまな問題や不公平を、どんどん減らせるから。それを彼女もわたしも、よく知っているから。

わたしにとって、政治の話は自分が生きている社会のこと。そして、セックスの話はじぶんのからだのこと。だから政治とセックスを避けてしまったら、それはもう自分のことを考えるな、と言われているようなもの。

わたしも宇宙もからだが小さいので、宇宙が小さいときはよく、洋式トイレに二人ですわって、用をすませました。あるとき、わたしの月経血を見て、宇宙は「これなあに」と聞いてきました。「女の人は大人になると、毎月、からだの中に赤ちゃんのベッドを用意するの。でも使われないときには、ベッドを新しくするために、古いベッドが血になって流れるんだよ」と話しました。「わたしも早く赤ちゃんベッドがほしい!」と言われて、わたしのほうがびっくり。気をつけたのは、生理がめんどうだとか、ネガティブな表現はしないようにってこと。生理をふくめて、からだのさまざまな変化を楽しいこととして受け入れてほしかったから。

わたしは一〇代のころ、自分が女性として見られていない、とすごく追いつめられた気持ちだった。人と違ったからだの自分を徹底的にきらっていたし、自分のからだを大切にしてあげるなんて、考えられなかった。

ところが宇宙は、わたしとはまったく反対の言葉の中で、育ちました。だからなのか、ほんとうにおだやかです。

自分の性について語れば語るほど、自分のからだが好きになっていくんだよ。

みんなは政治とセックスのことはむずかしい話、キケンな話と思っているかな?

政治とセックス、つまり社会とからだの話を、みんなで分かちあってほしい。居心地のいい人生を生きるためにね。

おわりに

この本は、フィリピンの障がいをもつ子どもたちを支援するために自費出版した『ねえ、自分を好きになろうよ！』（一九九七年）に加筆したものです。きっかけは、フィリピンの障がいをもつ人たちが、わたしを招いてくれたこと。そこで、フィリピンの障がいをもった子どもたちにはじめて会いました。

生後七、八カ月の赤ちゃんと紹介された子は、栄養失調のためかおなかだけ大きく、からだはとても小さく、生後二カ月くらいにしか見えませんでした。その赤ちゃんに菓子パンを与える人がいて、赤ちゃんはそれをむさぼるように食べはじめました。人は、どんな状況の中でも、生きていきたい存在であることを、その赤ちゃんがおしえてくれました。

娘が生まれてからは、この活動にかかわる時間が少なくなってしまったところ、友人たちが、プロジェクト全体を引き受けてくれました。いまでは日本とフィリピンの若い人たちをつなぐプログラムとして、引き継がれています。

現在のわたしは、FGM（女性性器切除）を受けさせられた少女たちの現状に、とても心を痛めています。彼女たちの多くにとって、最愛の親たちでさえ、それを止めるための味方になってはくれません。このおそろしい暴力をなんとかできないかと、日本に唯一ある「FGM廃絶を支援する女たちの会」に、娘が産まれたとき、入会しました。いまはもう一歩、次の段階に進みたいと考えています。

自分がきらいだったわたしが、いっしょうけんめいやりたいことに努力していくうちに、自分自身も、フィリピンの子どもたちも、大好きになりました。そして、大好きな娘との日々を過ごすことができました。

自分の問題は、どんなに個人的に見えても、世界のすべての人とかかわっています。

だれでも、ほんとうにしたいと思ったなら、自分をきらうことさえなければ、それは実現できる。それをいまのわたしは、知っています。

みなさんが、自分がきらいという気持ちから、少しでも自由になってくれることを願っています。

ほんとうの自由は、愛にみちているはず。自分からはじまる自由は、ほかの人へ、さらに広がっていくでしょう。

わたしの人生にかかわってくださったすべての人、いまもかかわってくださっている人たちに、そして新版を提案してくださった中野葉子さんに心から感謝しています。

二〇一八年一二月一日

安積遊歩

安積遊歩　あさか・ゆうほ

一九五六年、福島県生まれ。
生まれつき骨が弱い特徴をもつ。
22歳で親元から自立。
アメリカのバークレー自立生活センターで研修を受け、
ピアカウンセリングを日本に紹介。
障害をもつ人の自立生活運動をはじめ、
様々な分野で当事者として発言を続ける。
著書に『癒しのセクシー・トリップ』
『車イスからの宣戦布告』『いのちに贈る超自立論』、
共著に『障害のある私たちの地域で出産、地域で子育て』他。

自分がきらいなあなたへ

二〇二一年九月二九日　第二刷発行

著者　安積遊歩

ブックデザイン　鈴木成一デザイン室

発行者　中野葉子

発行所　ミツイパブリッシング
〒〇七八－八二三七
北海道旭川市豊岡七条四丁目四－八トヨオカ七・四ビル3F－1
電話〇五〇－三五六六－八四四五
E-mail: hope@mitsui-creative.com
https://www.mitsui-publishing.com

印刷・製本　モリモト印刷

 ISBN978-4-907364-10-6 C0036

ミツイパブリッシングの本

多様性のレッスン

車いすに乗るピアカウンセラー母娘が
答える47のQ&A

安積遊歩・安積宇宙

＊

自分は迷惑?
「ありのままでいい」って本当?
子どもを上手にほめるには?
真面目はよくないことですか?
男性は泣いちゃだめ?
人を生産性で測っていい?
障がいをもたない人も、もつ人も、人生を学べる本。
熊谷晋一郎さん推薦。

四六判並製240頁 定価2000円＋税
ISBN978-4-907364-11-3